여러분도 이겨낼 수 있습니다.

박 종천

백종원의 장사 이야기

일러두기

- 이 책은 2016년 출간된 동명의 책《백종원의 장사 이야기》의 개정 증보판입니다.
- 본문은 저자가 집필한 내용과 인터뷰를 토대로 엮었으며 서문 및 프롤로그를 제외한
  나머지 부분은 현장감을 살리기 위해 경어체를 쓰지 않았습니다.
- 책 집필 당시의 물가 및 경제상황에 따라 작성되어 수치에 변동이 있습니다.

백종원의 장사 이야기

"평생 성장하는 가게를 위하여"

개정증보판　　　　　백종원 지음

RHK
알에이치코리아

초판 서문

수명은 점점 길어지고 상대적으로 은퇴 시기는 빨라진 요즘, 직장인들을 포함해 소규모 자본으로 '먹는 장사'를 해보겠다는 사람들이 부쩍 많아졌습니다. 하지만 어디서부터, 무엇부터 시작해야 할까 생각해보면 막막합니다. 저는 식당 창업에 도전하려는 초보 사업가들에게 제 경험을 바탕으로 '나만의 노하우'를 알려주고 싶었습니다.

저는 그동안 수많은 식당 프랜차이즈를 만들면서 성공과 실패를 여러 번 경험했습니다. 사회적 변화에 따라 대중들의 취향도 달라지기 마련입니다. 입맛도 마찬가지입니다. 예전에 사람들이 즐겨 먹던 메뉴가 지금은 외면받는 예도 있고,

과거에는 존재하지도 않았던 메뉴들이 지금은 트렌드의 중심에 서서 호황을 주도합니다. 그에 따라 식당 경영 방식 역시 달라질 수밖에 없다고 봅니다. 물론 절대 변하면 안 되는 것도 있습니다. 먹는 장사를 하려는 사람이라면 일단 '먹는 것을 좋아해야 한다는 것'과 '내 가게에 와준 손님에게 한결같이 고마움을 느낄 줄 아는 마음'을 가져야 한다는 것입니다.

최근 들어 자본이 많든 적든 식당을 차려볼까 생각하는 사람들이 오랜 기간 식당을 경영하고 있는 제게 "어떻게 하면 먹는 장사로 돈을 벌 수 있습니까?"라고 질문해오는 일을 자주 겪었습니다. 아무리 외식업에 대한 경험이 많은 저도 그에 대한 명쾌한 답을 드리기는 어렵습니다. 대신 먹는 장사를 시작하려는 사람들에게 조금이나마 도움을 드릴 수 있는 노하우를 공유하고자 2013년부터 한 달에 한 번씩 '백종원의 장사 이야기'라는 소통의 시간을 마련했습니다. 이미 식당을 경영하고 있거나 식당을 해볼까 생각하는 사람들을 대상으로 질문을 받아 저만의 생각을 터놓고 이야기하는 자리입니다.

이 책은 그분들이 가장 많이 했던 질문에 대한 답변을 정리한 것입니다. 다소 두서없이 이어지고, 표현이 투박하지만 사람들이 궁금해하는 것들에 대한 저의 소신을 있는 그대로 반영하고 싶었습니다. 이 책을 통해서 '식당을 하려면 무엇부터 해야 하는가?', '나는 서비스업에 종사할 마음가짐을 갖추고 있는가?', '과연 먹는 장사가 자신과 잘 맞는가?', '인내심이 있는가?' 등 창업을 위한 자세와 마음가짐을 스스로 점검하고, 냉철하게 자신을 바라보는 기회를 갖길 바랍니다.

백종원

"대표님, 너무 힘들어요! 어떻게 하면 이 위기를 넘길 수 있을까요?"

모두가 뜻하지 않은 순간 코로나19라는 거대한 역풍에 맞서 오래 버텼습니다. 다른 사람보다 크고 작은 위기를 여러 차례 겪어온 제게 물어보면 속 시원히 답해줄 거라 기대하셨을 텐데, 안타깝게도 드릴 말씀은 딱 하나입니다.

"버텨야 한다."

식당을 하는 일뿐만 아니라 인생에는 일일이 열거할 수 없을 만큼 풍파가 끊이지 않습니다. 예상치 못한 순간에 입은 경제적 타격으로 대박은커녕 손실 회복을 위해 전보다 더 많이 일하고 계신 분들도 있을 겁니다.

이 책은 지난 2016년에 처음 나왔습니다. 이후 7년 가까이 시간이 흘러 대한민국 외식시장의 판도는 완전히 달라졌습니다. 이 책을 다시 정리해서 내는 데 이러한 변화가 계기가 되었지만, 그럴수록 초심으로 돌아가자는 말씀을 거듭 드리고 싶은 저의 열망도 한몫했습니다. 코로나19라는 위기를 겪으면서 이전에는 절대 바꾸지 않으려고 했던 것들, 안일하게 유지할 수 있었던 것들이 모두 의미를 잃었습니다. 이전과는 모두 달라진 시대 흐름에 따라 내 상황에 맞게 장사의 기본으로 돌아가야 하는 타이밍입니다. 기회를 찾고자 하는 사람은 절대 이 기회를 놓치지 말길 바랍니다.

저 역시 IMF라는 위기를 맞아 17억 원이라는 빚을 진 적이 있었습니다. 지금 돈의 가치로 환산한다면 더 어마어마한 액수일 겁니다. 그런 돈을 청년기에 갚아야 한다는 건 실로 막막한 일이었습니다. 하지만 다시 처음으로 돌아가 할 수 있는 일을 하는 것 외에 상황을 바꿀 방법이 달리 없었습니다. 그저 내가 해낼 수 있고, 내가 좋아하는 일을 묵묵히 하면서 버텼습니다. 만약 그때 빠르게 갚을 수 있는 길을 모색하면서 위험한 선택을 했다면 지금의 더본코리아를 세운 기반을 갖추기까지 더 오랜 시간이 걸렸을 겁니다. 그렇다고 제가 그 빚을 다 갚은 뒤 계속 승승장구했을까요? 이후로도 위기는 속속 찾아왔습니다. 그럴 때마다 음식 가격부터 올리거나 매장 점검을 등한시하지 않고, 더 큰 비용을 들여 연구하고 신 메뉴를 찾아 곳곳을 누볐습니다. 기회는 국내든 해외든 어디에나 있으니까요. 그러한 노력 덕분에 테스트만 하고 적자를 면치 못하던 브랜드들도 마침내 여러 가맹점을 일구면서 세계 진출이라는 성과를 거둘 수 있었습니다.

그 시간 동안 온 신경을 여러 곳에 쏟느라 육체적으로 힘에 부칠 때도 있었지만 저는 이를 조금도 수고롭게 느낀 적이 없습니다. 그만큼 지금도 이 외식업이 정말 좋고, 할수록 설렘을 줍니다.

기회는 여전히 있습니다. 재도약할 방법도 무궁무진합니다. 지금은 그 무엇보다 자신이 가진 가치를 끌어내 성공에 접목할 방법을 연구할 시기입니다. 나아가 자신만의 무기를 어떻게 활용하고 얼마나 사회에 각인시키느냐에 따라 사업의 지속성이 분명하게 판가름납니다. 실패에서 멈추지 마시고, 자신을 믿고 다시 시도해보세요. 또 좋았던 시절과 비교하며 좌절하지 마시고, 당장은 모든 여건이 열악하더라도 이 책에 담긴 저의 당부대로 가게를 유지해보시길 바랍니다.

우리가 겪고 있는 어둠의 터널이 끝나지 않을 것처럼 보여도 어느새 터널의 끝은 나오고 새로운 빛을 보게 됩니다. 다 같이 서로 이끌고 버티면 이 고비도 넘길 수 있습니다.

누구보다 큰 고민을 안고 어려움을 이겨내려 애쓰는 소상공인과 청년 사장들에게 온 마음을 담아 응원을 보냅니다.

차례

1장

먹는 장사,
어떻게 시작할까

방송 등 다양한 활동을 하는 요즘의 나를 보는 사람들은 쉽게 이해가 안 되겠지만, 나는 사실 사람 만나는 걸 별로 좋아하지 않는다. 낯선 사람 만나는 걸 굉장히 꺼리다 보니 처음 식당을 직접 운영할 때는 어려움이 많았다. 그러다 사업이 커져 주로 내가 하는 일은 외식업이라는 분야의 뒤에서 메뉴 개발을 하고 식당의 콘셉트를 잡는 것으로 바뀌었다. 그때부터 일이 점점 더 재미있어졌다. 매장 수가 늘고, 우리 회사의 여러 프랜차이즈 식당들이 점차 많아지면서 사람들이 '어? 이 가게랑 저 가게 주인이 같나 봐?'라고 말하는 것을 듣는 게 또 다른 즐거움이 됐다. 식당을 창업하려면 요리는 잘할 줄 몰라도 음식을 좋아해야 한다. 음식을 싫어하면 식당을 하면 안 된다. 직접 만드는 것은 좋아하지 않더라도 메뉴를 생각하거나 먹어보는 것만이라도 좋아해야 한다. 그래야 식당을 운영할 수 있다.

좋아하는 일로 돈을 벌고 싶다면

나는 셰프가 아니다. 그 흔한 요리 관련 자격증도 없다. 그렇지만 나는 음식 먹는 것을 좋아하고, 맛있는 음식을 찾으면 가능한 한 많은 사람이 만족하는 가격대로 선보여 누구나 즐길 수 있도록 구상하는 게 좋다. 화려하고 비싸고 멋진 요리보다 소박하지만 모두가 부담 없이 찾을 만한, 그저 한 끼 밥을 만드는 게 인생 최고의 즐거움이다.

나는 뭔가 해야겠다고 마음을 먹는 순간, 먼저 밑그림을 그리고 세세한 실행 계획을 세운다. 그런 다음 각 단계에 맞춰 퍼즐을 맞추듯 일을 해나가는 유형이다. 그런 내가 외식업을 시작한 것은 퍼즐처럼 맞춘 내 인생 계획 중 하나가 아닌 우연에서 비롯됐다. 우연히 외식업을 시작했어도 아무것도 없는 상태에서 선택한 것은 아니다. 원래 음식 만드는 것도, 먹는 것도 좋아했다. 그런 덕분에 식당에 대한 운영 계획이 없었어도 기꺼이 식당 개업을 할 수 있었다.

물론 모든 결정에는 나름의 기준이 있다. 내가 원치 않는 것은 절대 선택하지 않는 것. 이유는 간단하다. 나 스스로 최선을 다할 수 없기 때문이다. 누구나 제아무리 힘들어도 자신이 좋아하는 것을 해야 이겨낼 힘을 얻을 수 있는 법이다.

특히 외식업은 자신과의 싸움이 우선이다. 티도 나지 않는 일을 매일같이 반복해야 한다. 그렇다고 한 번이라도 대충하거나 거르면 곧바로 티가 난다. 그러니 좋아하지 않으면 할 수 없는 일이다.

먹는 장사의 기본은 맛이다. 음식 맛이 없으면 당연히 손님이 없다. 맛은 웬만큼 괜찮은데 손님이 없다면 일부러 찾아와 먹을 정도의 독특함이 있는지 심사숙고해봐야 한다. 손님들은 기꺼이 돈을 지불할 만큼 만족할 만한 음식을 먹고 싶어서 식당을 찾는다. 내가 생각하는 외식업의 핵심은 가격 대비 만족도가 높은 음식을 내는가에 있다. 누구나 다 알지만 이를 실천하는 것만큼 어려운 일도 없다. 흔히 먹을 수 있는 파스타가 아니라 그 집에서만 맛볼 수 있는 파스타를 만드는 게 어디 쉬운 일인가. 게다가 손님이 음식의 맛을 즐기는 동안 사장과 직원들의 서비스, 그 집만의 분위기가 완벽하게 조화를 이뤄야 한다. 어떤 입장이든 '내가 손님이라면 어떨까'라는 질문에 대입하면 의외로 문제해결이 쉬워진다. 장사가 안된다면, 그 이유가 무엇일지를 차근차근 따져봐야 한다.

기본부터 찾으면 답은 의외로 간단하게 나온다. 지난 4년 가까운 시간 동안 방송을 통해 만난 식당 주인들도 마찬가지였다. 〈백종원의 골목식당〉이라는 프로그램을 하면서 오랜 기간 동안 식당 운영을 해온 내 경험을 골목 사장들과 함께 공유하고자 했다. 내가 만약 이 식당을 운영한다면, 난 이렇게 하겠다는 고민을 거듭하며 매회 골목식당 사람들에게 진심을 담아 조언했다.

'나라면 어떨까'라는 생각을 하고, 다시 행동으로 이루어내는 과정이 곧 내 인생이었다. 내가 불편하면 남도 불편하고, 내가 편하면 남에게도 편하다. 음식도 마찬가지다. 내가 만족해야 손님도 만족한다. 이러한 전제에서 모든 것을 시작했다. 상상한 것을 상상에서 그치지 않고 현실로 만들어내는 행동력이 지금의 나를 만들었다고 자부한다.

식당가에서 흔히 볼 수 있는 설렁탕이나 냉면 같은 메뉴는 몇 년 전만 해도 주방에 기술자가 있어야만 낼 수 있는 음식이라는 고정관념이 있었다. 최근에는 훌륭한 맛을 내는 레시피가 자주 노출되고, 효율적으로 조리할 수 있는 다양한 주방 기계들이 나오면서 전문 기술자 없이도 훌륭한 수준의 맛을 선보일 수 있게 됐다. 예비 창업자라면 이런 메뉴를 찾아 전문화하고 세심하게 구상해서 대표 메뉴를 선정한다면 좋은 시작이 될 것이다.

외식 경영가이기도 하고, 요리 연구가이기도 하고, 방송인이기도 한 나의 천직은 이렇게 맛있는 음식을 만들어 합리적인 가격으로 파는 일이다. 누구보다 이 일을 오래도록 즐기면서 하고 싶다.

식당 창업이 처음이라면

일반적으로 식당을 하려는 사람들은 두 부류로 나뉜다. 자신이 직접 식당을 차리거나 프랜차이즈를 만들거나 둘 중 하나다. 어떤 일이든 성공한 후에 그 뒷이야기를 쓰기는 쉽다. 하지만 식당 창업과 운영은 결코 쉬운 일이 아니다. 나 역시 그랬다. 직접 발로 뛰면서 '한신포차'를 운영할 때는 매일 손님한테 머리를 숙였다. 나보다 나이 어린 사람이 함부로 대할지라도 무조건 참으려고 했다. 그래서인지 아침마다 가게에 나가는 게 싫었다. 그때는 매일이 스트레스의 연속이었다. 포차라는 특성상 손님들 간에 술을 마시다 싸움이 크게 번져 경찰이 출동하는 일도 허다했다.

그러니 가게 메뉴를 정할 때 식사 중심으로 할지, 안주 중심으로 술을 함께 팔지도 충분히 고려해야 한다. 안주와 술을 팔면 취객들로 인해 여러 가지 예측하지 못한 일이 일어나기 마련이다. 젊은 예비 창업자라면 경험 삼아 과감하게 해보라고 권하겠지만 직장생활을 하고 사회적 지위를 어느 정도 누리다가 식당을 새로 여는 사람이라면 이런 손님들을 상대하는 일이 더 쉽지 않을 것이다. 식당 운영은 다른 일에 비해 스트레스가 많은 분야다. 장사가 잘되고 안되는 단순한 문제가 아니라 자존심 문제로까지 확장되기 때문이다.

때로는 손님들이 던지는 말 한마디가 비수가 돼 가슴에 박히기도 한다. 취객 상대에 감정 조절까지 해야 하므로 점차 스트레스가 쌓이면 쉽게 지친다. 아무리 마음을 다잡고 메뉴에 대한 자신감으로 버티려 해도 한순간 쉽게 무너질 수 있다.

1장 먹는 장사, 어떻게 시작할까

그러므로 창업을 하기에 앞서 차분히 자신의 평소 모습을 돌아볼 것을 권한다. 만약 취객들과 부딪치는 스트레스를 감당하기 어려울 거라 생각되면 저녁에 술을 팔지 않더라도 어느 정도 매상을 유지할 수 있는 메뉴를 찾기 위해 고민해야 한다.

앞으로 식당들은 점점 소형화, 전문화될 것이다. 과도하게 지출되는 운영비 문제를 해결하려면 피할 수 없는 변화다. 외식업을 시작할 때 원재료를 수없이 비교해 신중하게 메뉴를 정하고 자신만의 무기로 전문성을 갖춰야 살아남을 수 있다.

조리사 자격증 취득도 마찬가지다. 단순히 자격증 하나를 따려고 한다면 결코 권하고 싶지 않다. 예전에 조리 학원을 다니다 일주일 만에 그만둔 적이 있다. 양념 만드는 법, 식재료 다루는 법 등 기본기를 착실히 배울 수 있지만, 학원에서 배우는 것은 그게 전부다. 라면 봉지에 적힌 레시피를 배우듯 딱 들어맞는 정형화된 수업이 진행된다. 맛은 있지만, 누구나 따라 할 수 있는 맛이다. 몇 센티미터로 써는지가 중요하고 어떤 메뉴를 위해 정량의 재료를 정해진 순서에 맞춰 준비해야 되는지가 중요한 과정이다. 다시 말해 어떻게 하면 음식을 더 맛있게 만들 수 있는지 알려주는 과정이 아니었다.

무엇보다 조리사 자격증을 땄다고 해도 장사를 위한 실

전 노하우는 처음부터 다시 쌓아야 한다는 걸 깨달았다. 지금 당장 매장에서 써먹지 못하는 기술이라면 굳이 배울 필요가 없다고 생각했다.

내가 조리법을 모른다는 말은 아니다. 나는 나만의 특별함으로 더 맛있어진 요리를 선보이고 싶었다. 자격증 공부를 그만둔 것도 그런 이유에서다. 이미 혼자 음식을 많이 접해봤고, 음식을 만드는 기본에 대해 관찰해왔고, 여러 가지 생각을 음식에 접목해봤다. 그런 내게 조리사 자격증은 큰 의미가 없을 뿐이었다.

〈백종원의 골목식당〉을 통해 만난 식당의 사장들 중에는 조리 경력도 거의 없이 외식업에 뛰어든 이들이 있었다. 이렇게 다양한 음식 장사 경험과 숙련된 조리 기술을 갖추지 않았다면 음식의 기본을 배우기 위해서라도 조리사 자격증을 따는 쪽을 고려해야 한다. 적어도 어떤 메뉴는 얼마나 길게 썰어야 하고 길게 썰어야 한다면 최소한 5센티미터 정도로 썰어야 한다는 기본 중의 기본은 익혀야 한다. 그런 생각으로 요즘은 식당을 차리려는 사람들에게 조리사 자격증을 권하기도 한다. 그럼에도 무엇이 중요하냐고 물었을 때 나는 여전히 실전 경험에 더 무게를 싣는 편이다. 자신의 목표가 무엇인지를 정하고 그 목표에 과정을 맞춘다는 개념으로 접근해야 한다.

먹는 장사를 준비하면서 자격증 취득이나 진학을 심각하게 고민하는 이들도 상당히 많이 만나봤다. 보통 외적인 성공을 목표로 삼아 어느 정도 성취하고 나면 사람들은 자신의 또 다른 면을 찾기 시작한다. 만약 지금 당장 대학을 가서 졸업을 한 다음 식당 창업의 경험을 쌓느냐, 대학을 가지 않고 경험을 쌓느냐를 두고서 고민하는 젊은이가 있다면 이렇게 말해주고 싶다.

"무엇을 먼저 할지는 중요하지 않습니다. 내가 하고 싶어야 하는 겁니다. 하지만 경험을 쌓다 보면 내가 부족한 게 보이고, 그때야 다시 공부가 필요하다는 걸 절실하게 느끼게 됩니다. 조리사 자격증이나 영양사 자격증이 음식을 만드는 데 꼭 필요하다고 보지는 않지만, 내가 가고자 하는 목표를 위한 다음 단계를 뛰어넘을 때는 필요합니다. 이런 자격증은 운전면허증과 같습니다. 아무리 차를 운전하는 방법을 알아도 운전면허증 없이는 운전할 수 없기 때문입니다."

많은 사람이 외식업에 종사하는 데 과연 '학력이 필요한가'를 궁금해한다. 나는 단호하게 '아니다'라고 말한다. 물론

나는 남들이 보기에 나쁘지 않은 학벌을 가졌지만, 외식업을 하면서 학업의 도움을 받은 적은 결코 없다. 어느 정도 자리를 잡고 난 후 사업가로서 살아가는 데 일정 부분 도움이 되긴 했다. 하지만 일반적으로 식당 창업에 학벌은 큰 도움이 되지 않는다. 외식 관련 학교라면 얘기가 다르다. 그럼에도 지금의 나에게 '학교 갈래, 취업할래?'라고 묻는다면 굳이 학교를 택하지는 않을 것 같다.

내게도 먹는 장사를 즐기며 이어가는 삶과 부모가 바라는 안정적인 삶 중 하나를 선택해야 하는 순간이 있었다. 군대를 제대할 때쯤 아버지는 내가 교사가 되길 바라셨다. 사학재단을 운영했던 집안이라 자식이 교사를 하면서 학교를 제대로 키우길 원하셨을 게다. 그런 아버지께 나는 "교사가 되지 않겠습니다. 앞으로 재단을 제대로 운영하려면 돈이 있어야 하고 재단을 잘 운영하기 위해서라도 저는 사업을 하겠습니다"라고 말씀드리고는 외식업계로 뛰어들었다.

간혹 주위에서 20대로 돌아간다면 무엇을 하고 싶은지 물어본다. 그때로 돌아간다면 공부, 특히 외국어 공부를 하고 싶다. 젊었을 때는 영어가 싫었고 못하기도 했다. 식당 창업도 영어 공부 같은 건 절대 필요 없을 것 같아서 시작했다. 내가

1장 먹는 장사, 어떻게 시작할까

제일 좋아할 수 있는 사업, 그중에서도 나름대로 먹는 장사가 자신 있었기 때문이다.

막상 식당을 운영하다 보니 중국이나 미국에 나갈 일이 많이 생겼다. 또 외국 사람과 음식을 자주 접하다 보니 그 사람들의 음식을 먹고 그 나라 사람의 입맛을 온전히 이해하고 싶었다. 그토록 싫어하던 외국어 공부였는데, 내가 좋아하는 일을 해내기 위해 반드시 거쳐야 하는 통과의례처럼 외국어를 배우게 됐다.

고민과 메뉴 선정은 최대한 단순하게

'내가 잘하는 게 무엇인가?'
'개업하려는 지역 상권에 누가, 어떤 연령층이 많이 사는가?'
'저녁 장사만 할 것인가, 점심과 저녁 장사를 같이 할 것인가?'

장사를 시작할 때는 수많은 고민을 하고 나서 메뉴와 장사의 형태를 결정한다. 그런데 막상 가게를 열면 처음에 가졌던 생각이 어느 순간 사라지는 경우가 많다. 특히 주택가나 골목식당 등에서는 이런 일이 흔하게 나타난다. 유동인구 규모가 한정되고 새로운 손님이 많지 않은 상권에서 매일 비슷한 손님들을 상대로 장사하면 일어나는 일이다. 상권이 좁은 게 문제다.

〈백종원의 골목식당〉프로그램을 진행할 때 부부가 운영하는 모둠초밥집을 찾아간 적이 있다. 테이블 다섯 개가 놓인 아담한 식당이었다. 사장님은 호텔 일식 조리 경력 17년 차인 전문 셰프였다. 사장님에게 왜 식당을 차렸느냐고 물었다. 허탈하게 웃으며 "제가 하면 될 줄 알았죠"라는 대답이 돌아왔다. 그만큼 일식에 자신 있는 분이었다.

먹어보니 메뉴 하나하나 정말 맛있고, 사장님도 초밥 전문가라고 할 만한 기술을 가진 분이었다. 사장님 성격답게 초밥 맛이나 주방 관리 상태 면에서 무엇 하나 흠잡을 게 없었다. 그런데도 손님이 없어 촬영에 들어가기 다섯 달 전에 이미 가게를 내놓은 상태였다. 초밥을 계속 만들고 싶어 가게를 차렸다는 사장님의 열망을 이렇게 저버리긴 아쉬웠다.

실력에 부족함이 없는데 무엇이 문제였을까? 무엇보다 그곳은 장사하기 까다로운 상권이었다. 소위 '오피스 상권'으로 불리는 지역이어서 인근 회사의 직원들을 주 대상으로 영업했다. 그러다 보니 점심시간에만 장사가 됐다. 게다가 초밥보다 다른 메뉴를 시키는 손님으로 가득했다.

초밥을 그렇게 잘하면 비싼 가격을 받으면 되지 않을까 하며 의아해할 수도 있다. 누구나 쉽게 놓치는 부분인데, 손님이 '어떤 기준으로 맛있다고 하는지'를 따져봐야 한다. 보통 라면집, 백반집 등을 찾는 손님들은 맛보다 가성비를 따진다. 반면 가성비를 따지지 않은 메뉴 중 하나가 바로 '초밥'이다. 즉 깊숙한 골목 안에 자리 잡고 있어도 유명세가 있다면 가격이 아무리 비싸도 사람들은 멀리서부터 찾아온다. 발레파킹 서비스를 하고 엄청난 고가의 인테리어로 장식돼 있다면 사람들은 똑같은 뒷골목에 있는 식당이라도 알아서 찾아온다.

하지만 이 사장님의 가게는, 여느 고가의 초밥집과는 전혀 다른 상황이었다. 엄청난 투자비를 들여 가게의 규모를 바꾸거나 인테리어를 다시 할 수도 없었다. 고급스럽게 꾸민 값비싼 가격의 초밥집과는 모든 상황이 달랐다. 그렇다면 사무실이 많은 인근의 가게가 처한 상황과 눈높이에 맞춰 문제점을 개선해야 한다.

모둠초밥집의 가장 큰 문제점은 사장님이 가지고 있는 막강한 전문성을 살리지 못한 것이다. 메뉴 수만도 40가지가 넘었다. 그 많은 메뉴를 혼자서 감당하기란 쉽지 않다. 그다음은 가격 책정의 실패였다. 초밥 정식의 구성은 알찼고 맛도 풍성했다. 다만 주머니가 가벼운 직장인들이 점심으로 먹기에는 다소 비쌌다.

결론은 하나였다. 메뉴의 전문성을 살려 초밥 메뉴를 합리적인 가격으로 판매하는 것이었다. 고민에 고민을 거듭한 결과 최상의 조합으로 메뉴를 만들 수 있었다. 손님들조차 "이 가격에 팔면 뭐가 남아요?"라는 말을 할 정도가 돼야 단골을 만들 수 있다. 결국 모둠초밥집은 저렴하지만 좋은 품질의 초밥으로 승부수를 띄웠고, 나의 예상은 적중했다.

식당을 알리는 가장 좋은 홍보 방법은 음식을 먹은 손님이 여기저기에 자랑하는 것이다. 적어도 그 정도는 돼야 파급력이 생긴다. 이유가 무엇이든 상관없다. 가격 대비 만족도도 좋고, 맛이 일품이라는 소문도 좋다. 손님들의 자발적 홍보만큼 강력한 무기도 없다. 그곳에 가야만 먹을 수 있는 음식, 그것이 바로 메뉴의 전문성이다. 꾸준히 사랑받는 식당이라면 반드시 갖춰야 할 기본 요소다.

다행히 모둠초밥집은 사장님의 오랜 노하우를 살려 본인이 하고 싶은 초밥만 만들며 가게를 유지할 수 있었다. 더불어 손님들에게는 맛있고 저렴한 초밥을 제공했다. 그야말로 최고의 결과를 이끌어냈다. 물론 17년의 경험에서 나오는 높은 수준의 음식 솜씨가 뒷받침했기에 가능한 결과다.

식당 운영은 단거리 경주가 아닌 마라톤과도 같다. 기본기를 탄탄히 다지고 오랜 경험을 쌓아 자신만의 전문성을 가진 메뉴를 만들어야 한다. 전문성을 곁들인 메뉴 자체가 소문이 나면 근거리뿐만 아니라 먼 곳의 손님까지도 찾아오게 된다. 그래야 살아남을 수 있다.

아무 때나 가서 먹을 수 있는 흔한 음식을 파는 곳이라면 손님이 쉽게 찾지 않는다. 전문성을 가진 메뉴라면 이야기가 달라진다. 그곳에 가야만 그 음식을 먹을 수 있다는 생각이 손님의 발길을 이끈다. 그래서 외식업 창업을 하려는 사람들에게 많은 경험을 쌓으라고 강조하는 대표적인 이유다.

보통 식당을 시작하려는 사람은 준비 기간을 오래 갖고 다양한 정보를 접하면서 자신이 만반의 준비를 마쳤다고 생각하기 쉽다. 누군가 식당 창업을 준비 중이라면 나는 반드시 식당에서 실전 경험을 쌓으라고 권하는 쪽이다. 조리든 주방이든, 아니면 정말 최소한 먹는 거라도 미친 듯이 좋아해야 한다. 음식을 만드는 재주가 없다면 음식을 먹어보고 문제점이

나 장점을 찾아낼 수 있는 분석력이라도 갖춰야 한다.

특히 음식 만드는 사람들이 종종 범하는 실수가 있다. 누구라도 자신이 만든 음식이 최고라는 생각에 갇히기 쉽다. 하지만 본인이 최고라고 생각해도 먹는 사람 입장에서는 다른 집과 크게 다를 것이 없는 경우가 허다하다. 이런 실수를 하지 않으려면 경험하는 수밖에 없다. 많은 식당을 다녀보고 많은 음식을 먹어봐야만 안다.

경험을 이기는 아이디어는 없다

같은 음식이라도 맛은 시시각각 변한다. 날씨가 맑은가 흐린가, 맛보는 사람이 집에서 나올 때 기분이 좋았는가 나빴는가에 따라서도 달라진다. 나조차도 어떤 날에는 맛이 없던 음식이 며칠 뒤 다시 가서 먹어보면 너무 맛있어서 주인이 바뀌었냐고 물은 적이 있다. 그만큼 입맛은 주관적이고 가변적이다. 하물며 만드는 사람 입맛은 더 주관적이기 쉽다.

늦은 아침으로 라면을 먹고 날씨를 살펴보니 비가 올 듯해 점심은 칼국수를 먹기로 했다 하자. 그런 상태에서는 아무리 맛집에 가서 먹어도 음식이 맛있을 리 없다. 하지만 며칠 뒤 아침에 기름기 많은 토스트 한 쪽을 먹고 날이 선선해 따듯한 국물 생각이 나 칼국숫집을 찾았다면 국물 맛은 최고일 수밖에 없다. 모름지기 음식 장사를 하려면 수많은 경우의 수를 접해봐야 한다. 이런 경험치가 쌓일 만큼 쌓였을 때 창업을 하는 게 좋다.

나는 식당 운영도 직장과 똑같다고 생각한다. 직장인은 취직해 회사로부터 월급을 받듯, 가게를 차린 사람은 스스로 가게에 취직했다고 생각하는 자세로 시작해야 한다. 그렇게 운영해본 경험이 있어야 나중에 매장을 키워 분점까지 운영할 수 있고 이를 브랜드로도 만들 수 있다.

그러니 청년 창업가들이 아무 경험 없이 식당 창업에 뛰어드는 것은 절대적으로 위험하다. 꼭 번듯한 가게를 차려서 시작하는 것만이 창업이 아니다. 길거리에서 파는 군고구마나 붕어빵 장사와 같은 소자본 창업도 직접 겪어보면 외식업을 바라보는 눈이 달라진다. 자본이나 필요한 물품이 들고 나는 것부터 식재료와 시장의 흐름과 식당이 돌아가는 원리들이 하나하나 머릿속에 자리 잡힐 수 있다. 이렇듯 창업은 번듯한 가게를 차리는 것보다 경험이 더 중요하다. 심지어 아르바이트도 창업으로 연결지어 생각하면 일하면서 보이는 것들이 달라진다. 즉 내 생각을 가지고 일하는 것, 내가 하는 일에 내 생각을 접목해보는 것이 바로 창업이다. 아르바이트나 직장에서도 내 생각을 가지고 일하면 곧 창업으로 연결할 수 있다.

안타깝게도 대부분 그런 데까지 생각이 미치지 못한다. 시급만 계산하면서 영혼 없이 일하면 어떤 경험도 나에게 도움이 되지 않는다. 그저 쉽게 일하고 돈 버는 아르바이트를 찾지 말고, 나에게 어떤 경험을 줄 수 있는 일인지를 판단해서 일을 선택해야 한다.

그래서 나는 창업 전 필수 조건을 하나 꼽으라면 두말하지 않고 '경험'을 해보라고 말한다. 특히 자신이 생각한 아이템과 똑같은 음식을 파는 곳에서 일해봐야 한다. 한 달만 해봐도 현실적으로 창업이 결코 쉽지 않다는 걸 깨닫는다. 더군다나 장사가 잘되지 않는 곳에서 일해보면 창업이 얼마나 어려운지 한층 더 깊게 체득할 수 있다.

단순해 보여도 설거지나 서빙에도 노하우가 필요하다. 음식을 잘 나르기만 하고, 홀을 잘 치우기만 하면 되지 않느냐고 물을지도 모른다. 그건 정말 몰라서 하는 말이다. 음식을 모르면 서빙을 제대로 할 수 없다. 음식에 따라 서빙하는 순서부터 음식을 내오는 타이밍까지 모두 다르다. 밑반찬을 미리 내주는 이유가 뭔지, 고기가 왜 이 타이밍에 나오는지, 찌개는 언제 나와야 좋은지 직접 경험해봐야 안다. 그러면 자연스레 궁금증이 생기고 그 답을 찾아가면서 노하우를 얻을 수 있다.

주방에서 설거지하는 것도 마찬가지다. 유난히 손님들이 많이 남기는 반찬이 있다면 이유가 무엇인지 확인해봐야 한다. 가장 좋은 방법은 주요리와 함께 직접 먹어보는 것이다. 손님이 시킨 요리가 단맛이 나는 음식이라면 비릿한 맛이 나는 멸치조림이 인기가 없을 테고, 고기류라면 싱싱한 채소류 밑반찬에 손이 더 갔을 것이다. 이런 사소한 부분들까지 스스로 챙기고, 개선하지 않으면 가게의 앞날은 절대 알 수 없다.

내 조언을 듣고 누군가는 겁먹고 창업하지 말라는 말로 오해하는데 창업이 그만큼 쉽지 않음을 강조하고 싶어서 드리는 충고다. 더욱이 지금처럼 어려운 시기에 준비되지 않은 채 먹는 장사를 시작하는 건 그야말로 어리석은 일이라는 걸 명심하길 바란다.

장사의 성패는 운 보다 내공

자영업자를 비롯해 모두들 힘들다고 하는 시대다. 무엇보다 창업을 희망하는 사람들이 많아지면서 식당들도 많아졌다. 반면 코로나19 같은 악재에 버티지 못하고 폐업하는 식당들도 늘어났다. 이토록 어려운 시기에 식당이 없어지지 않고 오래 살아남으려면 인건비를 최대한 줄이는 수밖에 없다. 직원을 줄이되 사장이 모든 일을 도맡아야 한다. 만약 사장이 식당 일을 좋아하지 않는다면 버텨내지 못할 것이다. 따라서 자기가 좋아하는 일을 재미있게 하면서 인건비를 벌 수 있는 수익 구조를 만들어야 한다.

예전에는 인건비가 지금보다 훨씬 저렴했다. '새마을식당㈜'을 처음 시작했을 때만 해도 숯불을 나르고 고기를 자르고 김치찌개를 잘라주고 손님과 소통하는 일을 인건비를 들여 대신해도 됐다. 인건비를 지출하더라도 매상이 그보다 높고 수익이 많이 발생하니 점주가 직접 하지 않아도 이익 실현이 가능했던 시절이었다. 지금처럼 어려운 시기에는 더더욱 하나부터 열까지 본인이 모두 직접 챙길 만큼 외식업을 정말 좋아하지 않으면 살아남을 수 없다. 정말 즐겁게 일하고 잘돼서 본인의 인건비와 투자비의 은행 이자 정도를 회수할 수 있다면 금상첨화다.

그렇다면 나 자신이 식당 일과 잘 맞는 사람인지 아닌지는 어떻게 알 수 있을까? 사실 직접 겪지 않고는 누구도 쉽게 답할 수 없다. 나 역시 1997년에 닥친 외환위기로 인해 바닥까지 가봤기에 그때의 경험이 나란 사람을, 인생을 송두리째 바꿔놓았다. 과거 쌈밥집을 운영하면서 다른 업종으로 사업을 확장하던 때가 있었다. 지금처럼 먹는 장사가 유일한 내 길이라고 생각하지 않아서 계속 여기저기 다른 기회가 있나 찾아다녔다. 마침 건축 자재를 국내에 독점으로 수입할 기회가 생겼다. 마음이 동해 바로 새로운 사무실을 얻어 직원을 뽑고 사업을 시작했다. 제법 번듯한 사업체를 차려 번창하자 자신감은 하늘 높은 줄 모르고 치솟았다. 작은 식당의 사장이 아닌 건축 자재를 수입하는 회사의 대표. 그때부터 식당 운영은 서서히 다른 이들의 손에 맡기고 회사 확장하는 데에만 힘을 쏟았다. 공교롭게도 IMF 여파를 직격으로 맞아 건축업은 폭삭 망하고 말았다.

다시 마음을 다잡고 식당을 운영했지만, 식당은 하루아침에 돈을 버는 장사가 아니었다. 적자가 흑자로 천천히 돌아설 수는 있지만 짧은 시간에 큰돈을 벌기는 힘들었다. 하다 하다 너무 힘들면 조금 지나면 괜찮아지고, 나아질 거라는 마음으로 버텼다.

모름지기 식당 운영은 기다림이 기본이고, 사람과 부딪치는 일이 대다수다. 나 스스로 정말 식당일과 잘 맞는지 고민해보고 시작해도 늦지 않다. 식당이라고 해서 음식 맛만 좋으면 되는 게 아니라 사람을 대하는 일에도 거부감이 없어야 한다. 음식 맛은 식당의 기본이고, 여기에 친화력이 더해져야 한다는 뜻이다.

많은 사람이 이처럼 내공을 쌓는 시간을 건너뛰고 식당을 준비하는 과정에서 마음이 성급해진다. 당장 창업을 하면 크게 성공할 것 같은 생각이 들기 때문에 하루라도 빨리 가게 문을 열고 싶어 한다. 간혹 경험을 쌓는 데 얼마나 많은 시간을 어떻게 써야 하느냐고 물어보는 사람들이 있다. 그럼 이렇게 대답한다.

"먼저 자신이 가진 시간의 반 이상을 빼서 장사가 안되는 곳에 가서 일을 해보세요. 그리고 내 매장을 개업하기 바로 전에는 좋은 기를 받기 위해 장사가 잘되는 식당에서 경험을 쌓으시고요."

　　　　1장 먹는 장사, 어떻게 시작할까

창업 준비를 하다 보면 잘되는 곳만 찾아다니기 쉽다. 대박집이나 맛집으로 소문난 곳의 비결을 모으는 건 한계가 있다. 더군다나 성공 사례만 보다 보면 이미 자신이 대박집 사장이 된 듯 착각해 직접 장사를 시작하면 손님이 줄을 설 거란 희망에 부풀기 마련이다. 잘되는 곳만 참고하면 식당 운영도 아주 쉬워 보이니 심지어 자신이 직접 운영하면 훨씬 더 잘할 수 있다는 자신감까지 생긴다.

아마 라스베이거스 카지노에 가서 잭팟 기계를 처음 볼 때의 기분과 비슷할지 모르겠다. 기계 앞에 앉아 레버를 당기기만 하면 돈을 딸 것 같은 기분이 들 것이다. 현실 감각도 잊고 빠져서 도박을 하다 보면 어느 순간 밑천이 드러나고 만다. 장사도 마찬가지다. 제대로 된 준비 없이 잘될 것 같다는 생각만으로 장사를 시작하면 실패의 지름길로 들어서고 만다.

물론 장사를 시작하려는 사람들 중에도 나름대로 차곡차곡 준비하는 사람들이 있다. 그들이 제일 먼저 하는 것이 벤치마킹이다. 주변의 대박집은 물론 전국 방방곡곡 잘된다고 소문난 집들을 찾아다닌다. 그중 자신이 시도할 만한 메뉴나 마음에 드는 메뉴를 발견하면 비슷한 메뉴로 잘되는 집을 또 찾아다닌다. 이렇게 준비한 사람들도 대박집을 운영하는 사람들이 버는 돈을 마치 내가 곧 벌 돈으로 착각한다. 그러면서 자신도 같은 메뉴로 시작하면 남부럽지 않게 벌 수 있겠다는 꿈에 취한다.

장사에도 잭팟과 같은 운이 따를 수 있다. 괜찮은 메뉴를 정하고 일정 수준의 자본을 투입하기만 하면 자리를 잡고 수익을 올릴 수 있다. 음식만 잘하면 소문은 절로 날 것이고 사람들이 많이 찾아오면 대박이 날 것 아닌가. 너무나 쉽게 '나도 먹는 장사나 해볼까?' 하는 생각을 한다. 더구나 이미 잘되는 곳을 둘러보며 장사의 노하우를 발견했다고 생각하면서 자신이 훨씬 더 대단하고 더 똑똑한 것처럼 착각에 빠진다.

'왜 테이블 정리를 저 정도밖에 못 하지?'
'직원 관리가 왜 이렇게 안 되는 거야?'
'밑반찬이 영 아쉬운데…….'

누구나 다른 사람이 가진 흠은 잘 보기 마련이다. 하지만 막상 직접 시작해보라. 바로 현실이 생각과 전혀 다르게 흘러가는 것을 순식간에 인정하고 말 것이다.

그럼 식당을 시작하기에 앞서 무엇을 해야 할까. 식당을 제대로 운영하는 노하우를 발견하기 위해서는 오히려 장사가 안되는 집을 가봐야 한다.

음식을 시켜 먹어보면 딱히 맛이 없는 것도 아닌데 장사가 안되는 가게가 있다. 식당 주변으로 오가는 사람이 적은 것도 아니다. 그런데 식당 안에는 손님이 없다. 심지어 주인이 손님 없는 홀에 덩그러니 앉아서 텔레비전을 보고 있는 모습도 눈에 띈다. 이유가 뭔지 아리송해지는 대목이다. 그러나 자세히 들여다보면 안되는 데는 이유가 있다.

'이게 만약 내 가게라면 무엇을 손봐야 하지?'

이렇게 생각하면 쉽게 문제점을 발견할 수 있다. 내 흠은 보이지 않아도 남의 흠은 잘 보이기 때문이다. 게다가 자신도 겪을 수 있는 상황이므로 남의 일 같지 않게 받아들여질 것이다. 텔레비전 앞에 앉아 있는 사람만 다를 뿐 자신도 똑같은 상황에 처할 수 있다는 생각을 가져야 한다.

꼭 식당이 아니어도 괜찮다. 식당에 대해 배울 곳은 많다. 요즘은 식당 창업에 대해 궁금해하는 사람이 많아 교육 과정도 다양하다. 나도 꽤 많은 강의를 해왔다. 하지만 강사들은 대부분 성공한 사람들이 어떻게 성공했는지에 초점을 맞춰 분석해 알려준다. 그들이 놓치고 있는 것은 없을까? 과연 현실에 성공한 사람만 있을까?

실제로 식당에서 맞닥뜨리는 문제는 아주 다르다. 장사가 안되는 집에서 일을 해보란 것도 그 때문이다. 그럼 꼭 그 이유를 캐묻는 사람이 있다. 도대체 안되는 집에서 배울 게 뭐가 있느냐, 그럴 시간에 잘되는 집에 가서 맛과 운영의 비결을 배워오는 게 낫지 않느냐고 반박한다.

식당 문을 열자마자 대박이 나는 경우는 드물다. 식당을 운영할 때 가장 중요한 건 인내심이다. **식당을 시작하는 사람이라면 늘 기다려야 한다.** 그러니 미리 경험을 해두면 자신이 진짜 창업을 해서 비슷한 상황에 맞닥뜨렸을 때 더 나은 결정을 내릴 수 있다.

'우리 가게에 왜 손님이 없을까?'

'음식 맛이 없는 이유는 뭘까?'

'단골손님이 왜 없을까?'

끊임없이 이러한 질문을 스스로 던지며, '나라면 어떻게 할까?'에 대한 답을 찾아야 한다. 적극적으로 가게와 맛에 대한 개선책을 내고 장사를 하는 마음가짐을 바꿔보는 게 좋다.

'내가 이렇게 했을 때 어려웠는데, 저런 식으로 바꿔보니 좋네.'

이왕이면 규모가 작은 식당에서 경험을 쌓으라. 일하는 사람이 많은 곳에서는 자신에게 주어진 일밖에 할 수 없다. 하지만 규모가 작은 곳에서는 자신의 일도 하지만, 급한 경우에는 일손이 부족한 곳에 투입되기도 한다. 주방, 홀, 구분 없이 경험을 쌓을 수 있다. 그렇게 경험이 쌓이면 성공이라는 좋은 기운까지 얻을 수 있다.

변치 않는 맛을 내는 비법

식당을 시작하려면 많이 먹어보라고 거듭 말한다. 하지만 먹어본 것을 실제로 만들 때는 주의하라. 생각보다 입으로 느낀 맛을 그대로 한 번에 구현해내기란 쉽지 않다. 처음 만들었을 때는 온전히 그 맛을 느낄 수가 없다. 웬만해서는 그 음식 맛이 나지 않는다. 실제로 여러 번 만들어 먹어도 생각한 맛이 나지 않아 좌절하고 자신감마저 위축된다. 그럴 때는 먼저 머릿속으로 그려보며 연구하는 게 도움이 된다.

손으로 만들면 열 시간이 걸릴 일이지만 머릿속에서 생각해보면 한 시간이면 충분하다. 그렇게 머릿속으로 내가 원하는 음식의 맛을 자꾸자꾸 만들다 보면 자신감이 생긴다.

중국 상하이에 갔을 때 일이다. 변두리 시장에서 우리말로는 '대갈비'라 할 수 있는 '따파이'라는 음식을 맛봤다. 돼지고기를 튀긴 메뉴였는데, 언뜻 보면 돈가스 같기도 했다. 당시만 해도 돼지갈비를 뼈째 튀겨 시장 한가운데서 판다는 것이 색다르게 다가왔다. 함께 나오는 소스도 우리가 예상하는 돈가스 소스와는 완전히 달랐다. 만드는 법 자체도 내가 알던 돈가스와는 전혀 달랐다. 그래도 맛은 돈가스에 가까웠고, 심지어 더 맛있었다. 생소한 형태와 맛을 경험하고는 충격을 받았다.

나는 한번 먹은 음식은 기가 막히게 흉내를 잘 낸다. 하지만 기존의 방식이 아닌 나만의 방식으로 새롭게 만들 줄 안다. 현장에서도 기존의 틀을 깬 새로운 조리법을 추구한다. 출발점이 여기고, 목표점이 저기 있다면 남들이 만들어놓은 고정관념을 버리고 내가 도달할 수 있는 최단 거리를 찾아 맛을 낸다.

　돈가스 소스를 만들 때도 마찬가지다. 밀가루를 버터와 함께 팬에서 녹여 볶아두고 셀러리와 당근으로 육수를 만들어 케첩과 함께 다시 볶는다. 이게 소스를 만드는 공식이라면 요리사들은 이 틀 안에서 나름대로 빠르고 비스듬하게 새로운 길을 찾아낸다. 하지만 나는 다르다. '돈가스 소스 맛'은 이것이다. 여기가 출발점이다.

　'밀가루를 볶아야 하는데 밀가루가 없으면 전분물로 걸쭉하게 만들면 되지. 둘 중 뭐가 더 효율적인가? 그다음 고소한 맛을 내려면 동물성 지방이 필요한데, 버터나 마가린이 없으면 돼지 지방이나 식용유를 써도 되지 않을까?'

　이렇게 생각을 다르게 하면 대체할 수 있는 재료들을 다양하게 떠올릴 수 있다.

　'그런 다음 케첩을 넣고, 단맛을 내려면 설탕을 넣으면 되지. 우스터 소스가 없으면? 간장과 식초를 적당한 비율로 섞어 넣어 볼까?'

셰프라면 내가 레시피를 만드는 모습을 이해할 수 없을지도 모른다. 내가 생각하는 레시피의 최종 목표는 '자유로운 생각이 만들어낸 결과물로 소비자가 혜택을 얻도록' 하는 것이다. 그런 생각 끝에 나온 프랜차이즈가 바로 '홍콩반점0410'이다. 이곳에서는 요리사 없이도 짬뽕을 조리할 수 있다.

일반 중국집을 연다고 가정해보자. 짬뽕을 원래 레시피대로 만들려면 돼지뼈나 닭발로 육수를 내야 한다. 그런 다음 여러 재료를 웍에 넣어 볶다가 간을 할 수 있는 소금이나 치킨스톡, 고춧가루, 후춧가루 등을 넣고 육수를 부어 끓이다가 간을 맞춰야 한다. 이와 같은 음식을 만들 때마다 간을 맞추려면 오랜 경험을 가진 사람이 꼭 있어야 한다. 경험자의 컨디션에 따라 맛이 좌우될 수 있기 때문이다.

이런 점은 전통적인 중국집이 가진 강점이자 단점이다. 오랜 경험을 가진 인건비 높은 주방장이 있어야 하고, 그의 실력에 따라 맛이 전적으로 달라지다 보니 식당 주인 입장에서 주방장의 눈치를 볼 수밖에 없다. 정량화한 레시피가 없으니 일정한 맛을 유지하기도 어렵다. 그래서 동네 중국집 주방장들은 짜장, 짬뽕, 탕수육은 물론이고 모든 요리를 다 할 줄 안다. 맛의 깊이는 각자 달라도 주문에 따라 모든 메뉴를 다룰 수 있다. 평소 정통 중화요리를 만들지 않고 짜장, 짬뽕, 탕수육만 만드는 데도 주방장들의 월급이 높은 이유다.

중국집은 흐름이 돌고 돈다는 말이 있다. 나는 그 흐름을 앞당기고 싶었다. 우선 중국집 주방장들이 매일 자기 능력의 절반 정도만 쓰는 데에 주목했다. 그럼 난젠완쯔(난자완스)나 깐풍기, 양장피 같은 요리의 매출이 없다면 이런 기술에 특화된 주방장이 필요 없지 않을까? 보통 이런 중국집에서는 짜장, 짬뽕 주문이 들어오면 주방 보조가 만드는 경우가 허다하다. 그래서 아예 짜장, 짬뽕만 만드는 식당을 생각해냈다.

만약 소스를 양념장처럼 한꺼번에 미리 만들어두면 그날그날 간을 보지 않고도 쓸 수 있지 않을까? 그럼 조리하는 사람이 볶는 기술만 배우면 음식을 낼 수 있다. 사흘간 기술을 가르치고 나면 주방장이 만들던 메뉴와 맛에서 차이가 있을까? 정성이 덜 들어갔을까? 아니다. 손님 대부분이 알아챌 수 없을 만큼 맛의 차이가 없다.

그렇게 '홍콩반점0410'은 짬뽕 레시피의 규격화를 도입했다. 재료의 양에 따라 이미 배합된 양념을 넣는 방식을 실제로 매장에 적용한 것이다. 그러자 한결같은 맛을 보장하는 것은 물론, 누구나 사흘 정도 볶는 방법을 배우고 나면 제대로 짬뽕 맛을 낼 수 있게 됐다. 오랜 연구를 통해 과감하게 절차를 생략할 수 있었고, 인건비도 줄어 주방장의 눈치를 보지 않게 됐다. 식당을 운영하는 스트레스까지 줄어드니 결국 편안한 마음으로, 더 합리적인 가격으로 손님에게 음식을 제공할 수 있게 됐다.

어떤 맛을 내고 싶다는 결과를 목표 삼아 음식을 만들다 보면 어느 순간 자신이 원하는 그 맛을 낼 때가 있다. 그렇다면 그 맛은 깊이가 없는 맛일까? 그렇지 않다. 모든 손님을 100퍼센트 만족시킬 레시피를 만들기는 어렵다. 차라리 여유가 생기면 재료를 더 나은 걸로 쓰거나 식당이 더 원활하게 돌아갈 수 있도록 투자하는 것이 손님을 위한 길이다.

지금은 가격이 조금 올라 짜장면 한 그릇에 6000원, 짬뽕 한 그릇에 7000원이지만, '홍콩반점0410'에서 처음에 짬뽕을 선보였을 때 가격은 3500원이었다. 값이 저렴한 듯 보이니 짬뽕에 들어간 재료가 수입산은 아닌지, 제대로 된 재료를 넣고 있는 것인지 손님들이 의구심을 가졌었다. 그러나 그때나 지금이나 국내산 돼지고기만을 고집하고 있다.

당시 저렴한 가격을 유지할 수 있었던 것은 레시피를 규격화해 전문 주방장이 아니어도 짬뽕 맛을 낼 수 있는 시스템을 만들었기 때문이다. 그 덕분에 인건비가 줄었고, 좋은 재료를 넣은 음식을 손님들에게 변치 않는 맛으로 선보일 수 있었다.

니즈를 파악하면 대박은 따라온다

대학생 때 자주 가던 호프집이 하나 있었다. 압구정동에 있는 가게였는데, 규모가 작아 할머니 혼자서 운영했다. 가격이 저렴하고 맛도 좋아 친구들과 단골로 가던 곳이었다.

할머니가 혼자 운영을 하다 보니 홀이 비는 시간이 많았다. 지금이야 치킨 전문점이 따로 있지만 그때는 생맥줏집에서 안주로 치킨을 시키면 바로 그 자리에서 닭을 튀겨줬다.

맥주를 마시다가 문득 여기서 아르바이트를 하면 좋겠다는 생각이 들었다. 생맥주를 파니 일하다가 힘들면 시원하게 한두 잔쯤 마셔도 될 것 같았다. 그러던 어느 날, 아르바이트생이 보이지 않기에 할머니에게 물었다. 마침 일하던 사람이 그만둬서 일할 사람을 찾는다고 하셔서 이때다 싶어 내가 일하겠다고 했다. 그렇게 그곳 아르바이트생이 됐다.

애초에는 공짜 맥주 한잔 얻어 마시려고 아르바이트를 시작한 거였다. 그런데 손님에서 직원으로 자리가 바뀌고 며칠 일을 하다 보니 다른 것이 눈에 들어왔다. 바로 위치다. 호프집이 아파트 단지들과 맞닿은 큰길에 있어 퇴근하는 사람들이 집 앞에 있는 이 호프집에 들러 한잔 마시다가 튀긴 닭을 포장해가는 일이 허다했다. 집에서 입는 편한 복장으로 닭을 사러 오는 사람들도 더러 있었다. 문제는 막상 치킨을 사러 온다 치면 아파트 단지에서 나와 큰길을 건너야 하니 번거로울 것 같았다. 문득 막 튀긴 치킨을 집으로 배달해주면 정말 좋겠다는 생각이 들었다. 닭을 튀겨 팔면서 배달까지 하면 그야말로 황금알을 낳을 수도 있겠다 싶었다.

"할머니, 배달은 안 해요?"
"배달? 안 해. 나 혼자 하는데 그걸 어떻게 해."
"제가 해보면 안 될까요?"

할머니는 하고 싶으면 그렇게 하라고 시큰둥하게 말했다. 지금이야 '배달의 민족'이라는 브랜드까지 나올 정도로 배달이 일상적인 서비스가 됐지만, 당시에는 치킨을 배달하는 것

자체가 신기한 일이었다. 일단 시작해보기로 마음먹고 나서 뭘 먼저 할까를 생각했다. 배달 서비스에 대한 홍보가 필요했다.

신문 배달용으로 전단지를 끼워 넣는 것은 비싸지만, 손으로 써서 흑백으로 전단지를 만들면 돈이 별로 들지 않았다. 16절짜리에 손으로 적은 전단을 200장 복사해 홍보를 시작했다. 아파트 단지들을 돌며 전단지를 꽂으면서도 설마 했다. 정말 뭐가 될 것이라고는 생각하지 않았다.

놀랍게도 바로 반응이 있었다. 전단지를 다 돌리고 가게에 들어서자마자 전화에 불이 났다. 하지만 장사를 해본 적이 없던 때라 막상 주문이 밀려오자 난감했다. 준비가 하나도 안 돼 있었기 때문이다. 그저 생각이 현실로 이루어질까 하고 시작한 것뿐이었다.

급한 대로 할머니가 닭을 튀기고 내가 배달을 시작했다. 치킨 배달 주문 건수에 치여 결국 할머니는 몸살이 나고 말았다. 하루하루를 버티는 게 더 중요한 연세이시다 보니 할머니는 더는 못 하겠다고 두 손을 드셨다. 그러고는 나를 지그시 바라보며 툭 한마디를 내뱉었다.

"그러지 말고 이 가게 네가 맡아서 해볼래?"

나는 화들짝 놀랐다. 가게를 인수할 만한 돈이 있을 리가 없었다.

"제가 돈이 어디 있어요?"
"너는 할 수 있을 거야. 가게 세는 벌어서 내. 내가 알아. 넌 도망갈 놈이 아니라는 걸."

그렇게 해서 처음으로 장사를 시작했다. 예상 매출액을 계산해본 나는 과감한 투자를 했다. 권리금을 천천히 내는 대신 튀김기를 구입했다. 할머니의 생맥줏집은 튀김기를 다섯 대로 늘릴 정도로 장사가 잘됐다. 배달을 도입한 나의 장사 아이디어가 대박을 낸 것이다. 짧지만 강한 기억으로 남아 있는 경험이다. 이때의 음식 장사는 세상 경험이 부족하던 내가 뭘 해야 할지 고민하게 만들었다. 어쩌면 지금의 나를 있게 한 첫걸음이었던 것 같다.

외식업에 처음 도전했다가 실패하는 사람들이 흔히 하는 실수는 '무無'에서 유를 창조하려는 것이다. 뭔가 새로운 것을 만들어야 돈을 벌 수 있다고 생각한다. 막연하게 그래야 할 것 같다고 생각한다. 하지만 정말 그럴까? 아니다. 무에서 찾을 수 있는 건 없다. 일반 족발이 아닌 매운 족발을 창조로 볼 수 있나? 기존에 있던 레시피에서 약간의 변화를 줬을 뿐, 웬만한 음식들도 창조가 아니다.

나도 마찬가지였다. 한때 나는 치킨집 운영으로 성공을 경험하고도 세상에 없는 걸 만들려고 너무 멀리 가서 여러 번 실패를 겪었다. 메뉴를 만들 때 이것저것 시도해보는 게 반드시 좋은 결과로 이어지진 않는다. 평소 자신이 제일 좋아하는 메뉴를 선택해 식당을 시작하는 게 좋다. 내가 좋아하고 즐겨 먹어봤어야 먹을 때마다 불편했던 게 무엇이었는지 자연스럽게 고민하고 바꿀 수 있다. 내가 개발해 성공한 프랜차이즈들 역시 대부분 그런 과정을 거쳐 탄생했다.

'비빔밥을 왜 비싸게 팔아야 해?'
'고깃집에 가서 비빔밥을 시켜 먹으면 왜 창피해야 하지?'

이런 생각에서 출발해 만든 프랜차이즈가 국내보다 외국에서 더 통하는 비빔밥 전문점 '백's 비빔밥'이다. '역전우동 0410'도 같은 고민에서 출발했다.

'우동을 왜 기사식당에서 먹어야 해?'

'깔끔하고 제대로 갖춘 식당에서 폼나게 먹을 수 있으면 좋지 않을까?'

자신이 평소 생각해왔던 불만 사항이나 레시피의 작은 부분을 바꿔가는 것이 성공으로 가는 제일 빠른 길이다. 정답은 없다. 그러나 전혀 새로운 것을 하려고 들면 도리어 남보다 몇 배는 더 힘들어진다.

모든 소비자를 만족시킨다는 위험한 생각

청년 사장들과 창업하게 된 사연을 나누다 보면 어떤 가게를 할지에 대한 결정을 생각보다 더 이른 단계에서 해버린다는 걸 느끼곤 한다. 언젠가 해물칼국숫집을 시작했다는 청년에게 메뉴를 정한 이유를 물었다. 그의 대답을 듣고 적잖이 당황했다.

"단골로 가던 해물칼국숫집이 있었는데 거기가 대박집이었어요. 실제로 음식을 맛보니까 건더기가 별로 없더라고요. 그래서 해물을 좀 더 넣어주는 집을 하면 장사가 더 잘될 거 같아서 이 메뉴로 정했어요."

여기서 끝났으면 그나마 다행이다. 먹는 장사를 처음 시작한 사람들은 한발 더 나아가 짜깁기를 시작한다. 해물칼국수로 유명한 또 다른 집을 찾아다니며 분석했더니 그 집은 가격이 싼 게 포인트라는 것을 알게 됐다고 하자. 그럼 이걸 또 자신의 메뉴에 섞는다. 다른 대박집은 양이 포인트였다. 그럼 그것도 섞는다. 그렇게 여기저기 유명한 칼국숫집을 모두 다녀본다. 위치가 정말 좋은 집, 겉절이가 맛있는 집, 칼국수에 손만두를 빚어서 넣는 집 등을 알게 된다. 그렇게 바지락 칼국숫집부터 명동 칼국수까지 전국의 유명한 집을 모두 찾아다니며 장점을 찾는다. 마지막으로 자신이 만드는 칼국수에 그 집들이 가진 장점을 모두 다 집어넣는다.

이론으로만 보면 그렇게 만들었을 때 굉장한 메뉴가 나와 세상에 둘도 없는 무기가 될 수도 있다. 하지만 현실은 아무것도 아닌 게 된다. 여러 장점이 모이면 어떤 문제가 발생할까? 어떤 것도 장점이 되지 않는다. 가격도 맞출 수 없다. 메뉴가 다양해지고 많아지면서 주방도 복잡해진다. 칼국수를 만들기도 바쁜데 수육도 만들어야 하고 만두도 잘 빚어야 하기 때문이다. 이게 바로 손님으로서 칼국수를 먹을 때와 자신이 칼국숫집을 차릴 때 다른 점이다.

식당을 운영하면서 제일 경계해야 하는 마음이 욕심이다. 욕심을 버린다는 의미는 기다림과도 일맥상통한다. 모든 사람을 만족시키려는 생각 자체가 욕심이다. 길거리를 지나가는 사람들이 모두 내 가게 손님이라는 생각이야말로 허상이 아닐 수 없다.

마음에 욕심이 가득하면 여러 면에서 부조화가 나타난다. 메뉴 선정은 물론, 가게의 분위기를 좌우하는 인테리어에서도 부조화가 나타난다. 파스타를 주메뉴로 선정했다면 주 고객층은 당연히 20~30대 여성으로 정하는 것이 수순이다. 그리고 주 고객층의 입맛부터 사로잡아야 한다.

인테리어 역시 마찬가지다. 깔끔하고 세련된 분위기여야 호감을 살 수 있다. 주 고객층을 20~30대 여성으로 정했으면서 40~50대 남성 고객까지 잡아보겠다고 식당 분위기를 일반 밥집처럼 꾸민다면 절대 성공할 수 없다. 그야말로 두 마리

토끼는 잡기 어려운 법이다.

일단 주 고객층인 20~30대 여성이 만족하고 나면 그들은 자기들끼리만 오지 않는다. 남자친구를 데려오거나 부모님을 모셔올 확률이 높다. 그러면 자연스럽게 소비층이 확장된다. 하지만 주 고객층이 만족하지 못한다면 절대로 고객층의 확장은 일어나지 않는다. 나도 만족스럽지 않은 식당에 일행을 데려가서 음식을 사 먹지는 않기 때문이다.

처음부터 여러 층의 손님들을 동시에 만족시킬 수는 없다. 먼저 특정 타깃층을 끌어오다 보면 차츰 다른 타깃층도 따라오고 전혀 예상치 못한 이들까지 가게를 찾게 된다. 먼저 먹어본 손님이 만족해 자연스럽게 손님이 늘어나는 걸 나는 '보자기 법칙'이라고 설명한다. 보자기나 수건을 펴놓고 들어올릴 때 각 모서리를 평평하게 동시에 올릴 수 있을까? 절대 불가능하다. 그럼 보자기 각 끝을 노인, 아이, 남자, 여자 등으로 생각해보자. 이들은 각기 입맛이 다르다. 제각각인 입맛을 동시에 만족시켜 보자기를 한꺼번에 들어올릴 수는 없다. 그럼 어떻게 해야 할까? 어디든지 한 군데를 탁 집어서 들어올리면 결국 어느 순간 보자기의 모든 부분이 따라 올라오게 돼 있다. 남녀노소 모두가 좋아하는 음식을 만든다는 생각 자체가 잘못된 것이다.

식당을 차린다면 처음부터 대박집이 되겠다는 생각을 버려야 한다. 내가 좋아하는 음식 만드는 일을 즐기면서 내 인건비 정도만 벌어도 만족한다는 생각으로 시작해야 한다. 그러다 서서히 손님이 많아지면서 장사가 잘되면 안정적으로 식당을 유지하는 방법을 찾아야 한다. 처음부터 욕심을 부리면 장사는 꼬일 수밖에 없다. 식재료의 마진율을 줄이고 수익의 재투자를 통해 더 나은 맛과 서비스를 손님에게 제공할 정도가 되면 그게 바로 성공이다.

내가 잘하고 지치지 않는 메뉴가 장사의 기본

〈백종원의 골목식당〉 방송 중에 냉면집을 하는 사장 부부를 만난 적이 있었다. 냉면 비수기인 겨울에도 팔 수 있는 신 메뉴를 고민하다 온면을 추가했다. 그런데 식당이 외진 곳에 있어 장사가 잘되지 않다가 방송을 통해 알려지면서 순간적으로 손님이 쏟아져 들어왔다. 그때 식당을 찾은 손님을 다

받고 싶은 욕심이 앞선다면 기존에 지켜오던 원칙들이 온데 간데없이 사라지고 만다. 갑자기 늘어난 손님을 응대할 준비도 되지 않은 상태에서는 아무리 경험 많은 사람이어도 맛을 유지하기도, 손님을 소화해내기도 힘들다.

냉면집 사장 부부도 그랬다. 식당의 주메뉴인 회냉면은 회무침이 생명이다. 회무침은 최소한의 기간 동안 숙성시켜야 양념도 제대로 배고 비린 맛을 잡아 감칠맛도 난다. 그런데 손님 수를 가늠할 수 없다면 회무침의 숙성 기간은 들쑥날쑥해지고, 맛 역시 오락가락할 수밖에 없다.

손님이 많아졌다고 해서 충분히 숙성되지 않은 회를 냉면에 넣어 손님에게 낸다면 당연히 맛은 떨어지고 기대를 안고 찾아온 손님은 실망할 수밖에 없다. 만약 갑자기 손님이 늘었다면 모두 응대하겠다는 욕심을 버리고 초심으로 돌아가야 한다. 한결같은 맛을 보장하는 데 집중해 하루에 팔 수 있는 만큼의 수량을 정해놓고 딱 그만큼만 팔아야 한다. 다행히 방송을 거듭하면서 냉면집 회냉면은 본래의 맛을 되찾았다.

장사 경험 없이 창업하면 무엇부터 시작해야 할지 몰라 우왕좌왕하기 일쑤다. 식당을 처음 시작한다면 평수가 작은 가게도 괜찮다. 다만 업종 선택이 중요하다. 장소가 좁은 특성을 고려해 손이 덜 가는 간편한 메뉴로 정해야 한다. 메뉴 정하는 일이야말로 이론적으로는 쉬워 보여도 단일한 메뉴를 내놓으며 강점을 갖기가 여간 쉽지 않다.

게다가 경험 없는 초보자일수록 메뉴를 쉽게 정한다. 깊이 고민해보지 않고 쉽게 정한 메뉴는 가게 문을 열고 한 달이 채 지나기도 전에 잘못된 것으로 밝혀진다. 문을 열자마자 사람들이 많이 찾았어도 메뉴가 몇 개 안 되기 때문에 금방 한계가 드러난다. 그럴 때 지인이 옆에서 툭툭 던지는 한마디들은 그대로 사장의 고민이 된다. 국수 하나로 승부를 보겠다던 처음의 마음가짐도 흔들린다. 국물 없는 비빔면도 해야 할 것 같고 밥을 찾는 손님을 위해 그것도 메뉴에 추가해야 할 것 같으니 말이다.

장사를 하기 위해 메뉴를 고를 때 어떤 음식으로 정해야 할지 가늠이 되지 않는다면 이것 하나만 기억해두길 바란다. 가장 자신 있고 만들기 쉬운 메뉴를 정하되 어떤 상황에서도 최상을 맛을 잃지 않겠다는 마음가짐을 유지해야 한다. 이것이 바로 장사의 기본이다.

매상 면에서 보면, 개업 초기 특히 식당을 처음 해보는 사람은 목표치를 최소한으로 아주 타이트하게 잡아야 한다.

혼자 할 수 있는 최소한의 매상을 구체적으로 정해두고 중점 메뉴로 자리를 제대로 잡을 때까진 메뉴를 늘리거나 동선이나 냉장고가 늘지 않게 조절해야 한다. 이후에도 내가 만들 메뉴에서 늘릴 수 있는 가짓수를 다섯 가지 정도로 정하되, 실제로는 하나씩만 늘려가야 한다. 이 다섯 가지 메뉴를 만들기 위해 매장 안에서 동선이나 냉장고 용량을 바꿔서는 안 된다.

식당에서는 메뉴 못지않게 냉장고와 화구 상태가 중요하다. 식당을 할 때 제일 어려운 것을 꼽으라면 단연 불 조절이다. 하지만 그에 대한 고려를 하지 않고 메뉴를 늘리면 화구에서 제일 큰 문제가 발생한다. 이게 무슨 의미인지 선뜻 이해가 가지 않을지도 모른다. 주문받은 메뉴를 만들고 있는데, 또 다른 주문이 들어온다고 생각해보라. 두 메뉴를 다 만들어야 하니 불이 하나 더 필요해진다는 소리다.

이건 집에서 음식을 해 먹어보면 금세 알 수 있다. 라면집을 열었다 치자. 얼핏 보면 메뉴도 재료도 단순하니 누구나 할 수 있다고 생각하기 쉽다. 그러나 정작 집에서 라면을 여러 개 끓여보라. 점심시간에 식구들 대여섯이 모여 주문했다고 가정하고 라면을 끓여보면 단번에 알 수 있다. 보기와는 달리 한 그릇을 만들 때처럼 균일하게 맛을 내기 어렵고 풀어진 면을 먹게 된 적이 있을 거다.

가게에서는 쉰 그릇 정도를 끓여내야 최소한의 매상을 맞출 수 있다. 한 시간밖에 안 되는 점심시간 안에 다양한 종류의 라면 쉰 그릇을 끓여낼 수 있어야 수지타산이 맞는다. 문제는 손님이 내가 예측한 대로 주문하지 않는다는 것이다. 서로 다른 세 가지 종류의 라면 주문이 동시에 들어온다면, 화구는 세 개가 필요하다. 하나씩 끓일 때와 동시에 여러 개를 끓일 때의 맛이 달라서도 안 된다.

주문이 동시에 세 개만 들어올까? 한 시간 안에 쉰 그릇을 끓여내는 건 보통 일이 아니다. 그때서야 메뉴 수를 줄여야겠다고 생각하고, 물을 먼저 얼마나 끓여놔야 하는지, 면을 개수마다 어떻게 삶아야 하는지를 계획하게 된다.

따라서 손님이 음식을 주문하고 식사를 시작하기까지의 시간을 고려해 음식을 만드는 과정을 최적으로 유지할 수 있는 동선과 메뉴 구성에 신경을 써야 한다.

다시 오는 손님이 가게의 성공비결

나는 개인적으로 청년 사장이 식당을 개업하는 데 그다지 긍정적이진 않다. 확률적으로는 젊은 사람의 식당 창업 성공률이 높지 않기 때문이다. 반면 나이가 있는 분들은 대부분 마지막 기회라 생각하고 가게를 열기로 결정한다. 그래서 뭔가 이루었다는 생각을 빨리하지 않는 편이다. 요즘은 좋은 아이디어를 갖고 실행하는 청년 사장도 많은 만큼 정말 진지하게 창업을 생각한다면 실패를 두려워하지 말고 시작해보라고 권한다. 실패의 경험들이 모여 대박의 거름이 되기 때문이다. 한편으로는 그들이 언젠가 누구도 생각지 못한 독특한 메뉴를 개발해 대박집을 운영하는 잠재적 경쟁자가 될 수 있다고도 생각한다.

프랜차이즈로 외식업에 첫발을 들여 안정적인 수익을 낼 거라 기대했다면 오산이다. 처음에는 업종을 막론하고 고생이 뒤따른다. 고생 끝에 안정기가 와도 식당을 하면서 생기는 보상 심리를 조절할 줄 알아야 오래갈 수 있다. 실제로 개업하고 3~4년 정도 지나 어느 정도 돈을 벌고 나면 뒤끝이 좋지 않은 사람들이 꼭 하나둘 나타난다. 나 역시도 처음 쌈밥집을 시작하던 20대 후반에 그런 심경이었다. 당시에 나랑 비슷한 연배의 손님이 가게에 일행을 데리고 와서 나한테 반말을 하거나 돈 있는 행세를 하면 그게 고스란히 수치심으로 다가왔다.

지금이야 그건 수모가 아니라 그저 돈을 버는 과정에 지나지 않는다고 여길 수 있다. 다만 그것을 알아차리기에는 당시 내가 너무 젊었을 뿐이다. 이렇듯 식당을 하다 보면 그냥 스쳐 지나갈 일도 허다한데 스트레스가 쌓이다 보니 뭔가 이루었다고 느끼는 순간 보상 심리가 발동한다.

그러다 보니 가게를 운영하는 사장이 젊을수록 유혹의 손길에서 자유롭지 못하다. 자신이 목표로 삼은 한 달 매상보다 더 높은 금액을 벌어들이고 나면 누구라도 놀라고 말 것이다. 게다가 1년 넘게 매상을 유지한다면 어떻겠는가. 돈을 버는 족족 이익으로 남게 된다. 이때 사람이 돌변하곤 한다. 평소에는 장사를 하느라 가지 않던 술집에도 가고 골프를 치거나 해외 여행도 가려고 한다. 가게는 내가 없어도 알아서 잘 돌아가니 굳이 자리를 지키지 않아도 된다고 점차 안일하게 생각한다.

과연 그게 맞는 걸까? 가게가 꺾이는 건 한순간이다. 이건 명백한 사실이다. 내가 직접 경험해봤기에 더 확신할 수 있다. 그래서 젊은 사람이 식당을 운영하면 발전 가능성이 굉장히 높기도 하지만 동시에 위험성도 높다고 본다.

간혹 배수의 진을 친다는 생각으로 직장생활을 이어가며 식당을 운영하는 사람도 있다. 하지만 두 가지 일을 동시에 하기란 만만치 않다. 만약 직장에서 500만 원을 받고 일하면서 분식점에서 4000원짜리 김밥 한 줄, 5000원짜리 라면 한 그릇을 먹는 사람에게 고개를 숙이라고 하면 마음에서 우러나서 할 수 있을까?

식당을 운영하다 보면 자존심 상하는 경험을 가장 먼저, 가장 빈번하게 겪곤 한다. 김밥 한 줄을 시켜 먹는 손님이 무심코 툭툭 뱉는 말에 자존심이 상할 수도 있다. 그럼에도 불구하고 자신의 가게를 찾아준 손님이기에 "죄송합니다"라고 사과할 줄 알아야 한다. 분식집에 가보면 단번에 이런 것들이 눈에 보인다.

'아, 사장이 이 가게를 목숨 걸고 하는구나.'

그런 마음을 다해 가게를 운영하는 사장들은 스스로 고

개를 숙이고 나설 줄 안다. 하지만 다른 데서 수익을 내고 있는 사람이라면 겉으로 드러나는 분위기 자체가 다르다.

'내가 이거 안 해도 먹고살 수 있다. 성질나면 그만두지!'

이런 생각을 갖고 장사를 한다면 앞으로도 절대 고개 숙이지 못한다. 마음가짐이 다르니 결국 모든 게 스트레스로 쌓일 수밖에 없다. 어떻게 보면 창업은 나이의 문제가 아니라 마음가짐의 문제다. 살길이 막막하면 못마땅해도 식당 일을 해야 하기 때문이다. 그래야 숙이고 들어갈 수 있다.

손님이 그냥 하는 말에도 자격지심이 발동하면 스트레스는 더 쌓인다. 그래도 꾹 참고 6개월에서 1년쯤 지나면 그런 상황에 대한 대처법도 몸에 밴다. 어떤 손님이 와서 아무리 뭐라 해도 그 말을 마음에 담지 않고 한 귀로 흘려보낼 수 있게 된다. 그렇다고 해서 절대 손님이 왕이라는 얘기는 아니다. 그 정도로 마음을 단단히 잡아야 한다는 얘기다.

지금이야 어느 정도 궤도에 오른 점주들이지만, 과거 프랜차이즈를 시작하고 얼마 지나지 않은 이들에게 곧잘 마음가짐을 단단히 하고, 기다려야 한다고 말하곤 했다. 그러면 대

뜸 그들은 이렇게 되물었다.

"대표님, 지금 안된다고 좌절하지 말고 길게 보고 기다리라고 해서 기다렸는데 왜 안 되나요?"

도대체 언제까지 기다리기만 해야 하느냐며 불평 섞인 말을 한다. 물론 점주들의 마음을 누구보다 잘 안다. 하지만 길게 보고 기다리라는 조언을 사람들은 쉽게 오해한다. 내 말은 무조건 식당 문을 열어놓고 기다리기만 하면 장사가 잘된다는 의미가 아니다. 그냥 아무것도 하지 않고 기다린다고 다 잘된다면 식당을 해서 망하는 사람이 있을까.

'내 가게에는 왜 손님이 없을까?'

일단 식당을 차렸는데 손님이 없다면 그 이유를 먼저 고민해야 한다. 그러고 나서 기다릴지 말지를 결정해야 한다. 식당의 성패 여부를 결정하는 것은 '손님의 재방문율'이다. 식당 문을 열고 나서 손님이 얼마나 많이 왔느냐 또는 적게 왔느냐가 아니라 한 번 왔던 손님이 다시 방문하느냐를 봐야 한다.

즉 손님의 '재방문율'이 높아야 비로소 식당이 자리를 잡았다고 할 수 있다. 그렇게 식당을 다시 찾는 손님 수가 얼마나 되는지가 바로 성공을 판단하는 기준이다.

오늘 개업했는데 손님이 열 명밖에 없었다고 생각해보자. 일단 그 수에 무조건 좌절하지는 말자. 예를 들어 손님이 하루에 천 명이 오는데 재방문율은 거의 없다면 그건 식당의 위치가 좋아서다. 그런 곳일수록 권리금이 높다. 매일 손님이 천 명 오는데 재방문율이 오백 명이 넘는다면, 즉 재방문율이 50퍼센트가 넘는다면 그건 식당의 음식 맛이 좋기 때문이다.

하지만 재방문율이 좋다고 해도 방심하면 안 된다. 손님이 하루에 스무 명밖에 없었는데 열 명이 다시 찾는다면 재방문율은 50퍼센트로 같을지라도 절대적인 손님의 방문 수가 적으니 이는 자리가 좋지 않다는 뜻이다. 바로 이럴 때 기다려야 한다는 의미다.

반대로 하루 손님이 스무 명인데 다시 찾는 사람은 아무도 없고 새로운 손님만 겨우 온다면 어떨까? 이런 경우는 기다려도 소용없다. 자리도 나쁘고 음식 맛도 없다는 뜻이다. 이럴 때는 기다려도 무의미하다. 아무리 손님을 기다려도 해결되지 않기 때문이다.

이렇듯 개업 초기 식당의 성공 여부를 가늠하는 판단의 척도는 재방문율이다. 내가 브랜드를 테스트할 때도 마찬가지다. 하루 매상보다는 재방문율을 확인한다. 재방문율을 알아야 기다릴지, 뭔가를 바꿀지, 운영을 멈춰야 할지를 판단할 수 있다.

이제는 내가 말한 기다린다는 의미를 조금 이해할 것이다. 음식 맛도 좋고, 단골도 있고, 재방문율도 훌륭한데 단지 소문이 나지 않아 홍보가 덜 된 경우라면 너무 조급하게 굴지 말고 기다리라는 의미다. 아무리 대박집이라도 한두 달 안에 구석구석 소문이 나기는 어렵다. 음식과 서비스에 만족한 손님이 지인을 데려오고 그 손님이 또다시 다른 지인을 데려오면서 꾸준히 소문이 퍼지기까지는 시간이 걸린다. 그걸 기다리라는 뜻이다.

문만 열어놓고, 무작정 기다린다? 절대 안 될 말이다. 식당은 운으로 해결되는 곳이 아니다. 내가 성실하게 노력한 만큼 성과를 내는 것이 바로 먹는 장사다. 소위 성공의 모든 조건을 갖췄는데 단지 홍보가 덜 됐다고 판단되면 조급하게 마음먹지 말라. '홍콩반점0410'도 지금은 자리를 잡아 더본코리아의 메인 브랜드가 됐지만 처음 시작할 때는 거의 2년 동안 적자를 면치 못했다.

당시는 더본코리아가 아직 개인사업체 정도의 규모였기에 프랜차이즈를 유지하는 것조차 정말 힘들었다. 게다가 매월 500만 원 이상 적자가 나다 보니 사업을 계속 유지해야 할지 그만 접어야 할지를 고민할 정도였다. 하지만 당시 나는 당장 성과를 바라는 마음을 과감하게 접었다. 앞을 내다보고 잘될 거라는 확신을 가지고 기다리다 보니 시간이 지나 서서히 자리를 잡을 수 있었다.

물론 요리를 좋아한 덕분에 끊임없이 요리 개발을 하면서 트렌드를 앞서나가려 노력한 것도 크게 작용했다. 다시 말하지만 문을 열어놓고 마냥 기다린다고 해서 사업이 잘되는 것이 아니다. 초심을 잃지 않고 마음가짐을 단단히 먹고 끊임없이 노력해야 원하는 결과를 얻을 수 있다.

공동 창업을 위한 당부

동업은 추천하지 않는다. 대부분은 깨지고, 특히 장사가 잘될 경우는 더 그렇다. 장사가 안되면 서로 의지라도 하는데 잘되면 깨지기 십상이다. 부부 혹은 형제 간에도 다르지 않다. 굳이 동업해야 한다면 서로의 목표를 확실하게 정해놓고 시작하라.

동업은 기본적으로 성격이 맞아야 한다. 서로 보완해줄 수 있는 관계라야 가능하기 때문이다. '새마을식당(內)' 점주 가운데 동업으로 성공한 사례가 있다. 그들은 앞으로 2호점, 3호점을 낼 때 어떻게 할 것인지에 대해 구체적인 목표를 공유하고 있어 성공할 수 있었다.

운동이나 특정 기술이 요구되는 직업은 내가 하고 싶다 해서 할 수 있는 게 아니다. 그에 맞는 기술이 일정 수준 충족되어야만 한다. 하지만 식당은 그렇지 않다. 잘되는 식당은 그곳 나름대로, 안되는 식당은 그곳 나름대로 이유가 다 있다. 그렇게 보면 결론은 늘 하나다.

'내가 하면 더 잘할 텐데……. 곰탕집에 갔더니 사람들이 줄을 서서 먹네. 먹어보면 별것 아닌데. 김치가 맛있는 거 같기는 한데, 내가 해도 그 정도는 할 수 있을 거 같아. 집에 와서 만들어보니 내가 한 것이 더 맛있어.'

'국물이 뛰어난데, 내가 집에서 해보니까 훨씬 더 맛있네.'

대부분 이런 생각을 하다 식당을 시작한다. 그리고 안되는 집에 가서도 분석을 한다.

'아줌마가 불친절하네. 인상이 별로야.'

물론 식당을 다녀보면서 꼼꼼하게 분석한 결론이니 맞을 수도 있다. 그런데 그건 잘되거나 안된 이유의 10분의 1밖에 되지 않는다. 실제로 내가 직접 식당일을 해보면 내가 몰랐던 이유가 여기저기서 튀어나온다.

집에서 김치를 담갔을 때는 식당 김치보다 소량이니 맛내기가 쉬웠을 거다. 그런데 난데없이 김치를 대량으로 담근다면 도저히 맛을 낼 수가 없다. 국수의 국물도 한 번 만들 때 맛이 좋았더라도 매번 동일한 맛을 내기가 여간해선 쉽지 않다. 그렇다고 미리 만들어두고 쓸 수도 없는 노릇이다.

이런 문제점은 장사를 하는 과정에서 수없이 나타난다. 게다가 동업을 하는 두 사람이 같이 일하면 서로 이해하기 쉬운데, 한 사람이 외부에서 지켜보는 순간 문제는 더 커진다. 직접 일을 하는 사람은 동업자가 바라본 식당 내부의 문제가 10분의 1밖에 되지 않는다는 걸 알고는 개선하기 위해 노력한다.

'국물 맛이 이래서 안 나는 거였구나.'

'그래서 겉절이를 매번 맛있게 유지하는 게 어려웠겠구나.'

자신의 부족한 점을 알면 알수록 노력해야 할 일이 많아져 힘들고 지쳐서 짜증이 날 수밖에 없다. 하지만 밖에서 바라보기만 하는 사람은 여전히 아는 건 내부 문제의 10퍼센트인데 스스로 전부 다 알고 있다는 착각에 빠지기 일쑤다. 직접 장사하는 어려움을 결코 알지 못한다. 그러다 보니 가끔 내뱉는 한마디가 동업하는 사람의 마음을 다치게 하는 화근이 된다.

"직원들 앞에서 좀 웃어라."

"오늘 국물 맛이 좀 싱겁네?"

"아침 조회는 매일 하고 있나?"

이런 유의 말을 듣는 사람은 기분이 좋을 리 없다. 여기에 정산이라는 문제가 개입되면 더 심각해진다. 동업을 하는 사람 사이에 수익에 대한 기대치는 서로 다를 수밖에 없다. 식당을 열기 전에는 하루 30만 원어치만 팔면 한 달에 900만 원의 매상을 올리니 적당하다고 생각했을 것이다. 그런데 막상 문을 열고 하루 40~50만 원씩 팔아도 남는 게 없는 현실을 마주하게 된다. 심지어 적자인 날도 부지기수다. 첫 달이야 이제 막 시작했으니 그런가 보다 하지만 석 달이 넘어가면서 가게의 미래에 대한 고민에 빠진다. 거기에 실제 업무에 대한 얘기까지 더해지면 돌이킬 수 없다.

"화장실이 너무 더럽네."
"그릇이 깨끗하지 않아."
"가게 청소가 제대로 안 된 것 같아."

이런 말들을 주고받으면서 서로를 향한 감정의 골은 깊어진다. 나는 운영의 주체가 50~60퍼센트의 돈을 가지고 가게를 시작한 다음 서너 명으로부터 나머지를 투자받는 동업의 형태를 추천한다. 운영자 입장에서도 투자금이 많지 않으면 욕심을 크게 내지 않는다. 초기 투자자가 나간다고 해도 다른 투자자로 대체할 수 있다. 또 운영자가 완전 인수할 수 있으니 큰 문제도 생기지 않는다.

하지만 외식업 현장을 보면 동업으로 시작한 가게를 결

국 한 사람이 갖게 되는 경우가 많다. 투자자라면 은행에 돈을 넣어두고 이자를 받는다고 생각하는 게 좋다. 만약 동업을 해야 한다면 준비 단계부터 함께하는 것이 좋다. 그 과정에서 다양한 경우의 수에 대해 사전에 협의하면 트러블을 방지할 수 있다. 또 가게가 잘됐을 때 그다음에는 확장이나 인력 운용 등을 어떻게 하겠다는 이야기까지 전부 나누고 나서 시작해야 한다.

만약 가게를 차리는 것까지만 이야기하고 개업을 하면 백이면 백, 다툼이 생기기 쉽다. 여러 경우의 수를 놓고 다음 단계에 대한 입장을 서로 미리 정리하고 가게를 열어야 감정적 대립이 생겨도 금방 정리할 수 있다. 가게가 잘되기 시작하는 것은 계획의 일부일 뿐임을 명심하라. 잘됐을 때 그 다음을 어떻게 해나갈지 정하는 방향에 따라 관계가 지속될 수도 있고 청산의 수순을 밟을 수도 있다.

사람들은 식당을 창업하기도 전에 창업할 준비가 다 돼 있다고 착각한다. 그러나 막상 가게를 열면 그제야 알고 있던 것은 현실의 20퍼센트에 불과하다는 것을 깨닫게 된다. 나머지 80퍼센트는 몰랐거나 잘못 알고 있던 것들이다. 특히 동업을 하면 실제로 가게에서 일하는 사람만 알고 투자자들은 알 수 없는 부분이 너무 많다. 다시 한번 강조하지만 동업을 해야 한다면 반드시 서로 이야기를 나누고 선을 분명히 긋고 시작하자. 아주 세세한 부분까지 합의를 봐둬야 난데없이 튀어나오는 문제들을 해결할 수 있다.

예부터 다양한 상업 활동에 밝았던 중국인의 성공 사례를 보면 실리를 따지는 특성이 동업할 때 빛을 발하는 것을 알 수 있다. 그들은 상대방이 도움이 된다면 절대 싸우지 않고 함께 일한다. 반면 우리나라 사람들은 감정이 앞서 싸움으로 번지는 경우가 많다. 지분이나 수익금을 어떻게 나눌지, 일을 어떻게 분배할지 미리 하나하나 따져보고 정리해두자. 자신은 매일 장사를 해야 하는데 동업자는 주말에만 가게에 온다거나, 투자자가 아무것도 도와주지 않고 매상을 올린답시고 손님만 끌고 오면 좋지 않다. 앞에 나서서 해결하는 사람이 있고, 뒤에서 묵묵히 정리하는 사람이 있으면 그것이야말로 동업의 최적 조합이다.

딱 반 발만 앞서 생각하라

"준비가 안 됐는데 식당을 하면 안 되죠. 겁 없이, 준비 없이 식당 창업에 뛰어드니까 80~90퍼센트가 망하는 겁니다. '빽다방', 그거 준비 기간만 7년 걸렸어요. 커피 1500원에 팔아서 이윤이 남느냐고요? 남으니까 하는 거예요. 수백 번 테스트해보고 철저히 준비해서 나온 결과물이에요."

한 인터뷰에서 내가 했던 말이다. 식당을 열려는 사람들은 보통 대박집을 보고 창업을 결심하지만 그런 대박집은 하루아침에 만들어지는 게 아니다. 유명한 맛집의 음식을 먹어보라. 금방 따라 만들 수 있을 듯하지만 그 맛을 내기까지 시간과 공은 헤아릴 수도 없다. 물론 따라하기도 쉽지 않다. 그래서 음식점을 시작할 때 이미 성공한 가게에 대한 존중이 먼저라고 이야기하고 싶다.

〈백종원의 골목식당〉을 하면서 예상 밖으로 식당 운영의 기본조차 되지 않은 사람들을 많이 봤다. 순수하게 내가 일한 만큼 돈을 번다는 생각은 그만큼 준비가 돼 있는 사람들에게나 해당되는 이야기다. 그런 준비가 전혀 되지 않은 사람들이 장사를 시작한 경우가 많다는 데 놀라지 않을 수 없다.

식당을 하는 사람들의 사례를 보고 있으면 정말 천차만별이다. 이를 단계로 나눈다면 1단계부터 100단계까지도 나눌 수 있다. 그만큼 다양한 사람들이 다양한 이유와 경로로 장사를 시작한다. 다른 사람의 식당에서 20~30년씩 일했던 분도 있고, 자신의 분야에서 꽤 높은 위치까지 올랐던 셰프도 있다. 하지만 정말 딱 일주일 배워 시작한 사람도 있다.

나도 지금이야 여러 프랜차이즈 브랜드를 론칭한 경험이 있으니 생각보다 잘되지 않아도 여유를 부릴 수 있다. 하지만 식당을 열었던 초창기에 준비 없이 뛰어들어 무작정 사업을 확장하기는 마찬가지였다. 무엇보다 처음 시작했던 쌈밥집이 잘되고 나니 자신감이 넘쳤다. 그래서 먹는 장사가 쉽다는 착각에 빠져 머릿속으로 그렸던 고깃집을 야심차게 열었다. 드럼통 위에 무쇠 철근으로 만든 석쇠를 놓고 그 위에서 소고기 등심을 구워 먹는 형태였다. 전면에 있는 주방에는 고기가 먹음직스럽게 전시돼 있고, 손님이 주문을 하면 그 자리에서 고기를 툭툭 잘라 가져다줬다. 이름도 대폿집처럼 부담 없이 고기를 먹을 수 있는 집이라는 의미에서 '원대포'라 지었다.

내 머릿속에서 그린 그림은 환상 그 자체였다. 개업을 하자 손님들이 말도 못하게 들어와 먹고 갔다. 손님이 보는 앞에서 고기를 자르니 손님들이 주방장에게 술도 한 잔씩 권했다. 그러면 서비스로 고기를 조금 더 썰어주기도 했다. 그날 온 손님들 중 일부는 "사장님은 천재!"라면서 어떻게 이런 콘셉트의 식당을 열었냐고 칭찬일색이었다. 그런 손님들의 반응에 힘을 얻어 식당을 유지했다. 하지만 마냥 잘될 거라는 처음의 반응과 달리 점차 손님들이 짜증을 내기 시작했다. 비싼 소고기 등심을 투박한 철근에, 더군다나 제대로 된 서비스도 없는 대폿집 분위기의 식당에서 어떻게 구워 먹느냐고 했다. 제대로된 서비스를 해야 하는 것 아니냐는 반발에 결국 '원대포'는 망했다.

식당이 대박 나려면 소비자들의 생각보다 조금만 앞서가야 흐름에 맞는다. '한신포차'가 그랬다. 외환위기로 힘들어 너도나도 소주 한잔 마시며 하루의 고단함을 달래던 때라 포장마차의 느낌을 살리면서 조금 더 안정된 형태를 갖춘 식당을 하면 좋겠다는 생각으로 시작했고 예상은 적중했다.

물론 너무 앞서가버려 실패한 적도 있다. 그래서 10여 년 전에 론칭했다 대중에게 외면받았던 '제순식당'은 메뉴 리뉴얼 작업을 마쳤다.

당시에는 평소 먹는 메뉴로 아침, 점심, 저녁을 편히 혼자 먹을 수 있는 식당이 있으면 좋겠다는 생각에서 시작했다. 마침 일본에서도 혼자 식사를 할 수 있는 식당이 유행하고 있었다. 나도 혼자 밥 먹을 일이 많았기 때문에 가능할 거라 생각했는데 실상은 달랐다. 지금이야 혼밥 문화가 널리 퍼졌지만, 당시만 해도 혼자서 밥을 잘 먹지 않는 우리나라 사람들의 인식이 발목을 잡았다. 식당에는 점심에나 손님이 조금 드나들 뿐 저녁이라고 해서 특별히 손님이 많이 늘지 않았다. 너무 빠르게 앞서나갈 때는 소비자의 마음까지도 끌어당길 수 있을지 함께 생각하는 것이 좋다.

가성비부터 잡고 나머지는 그다음에

음식 장사를 할 때 가장 중요한 것은 '가성비, 가심비 그리고 스토리텔링'이다. 물론 세 가지를 모두 잡기란 쉽지 않다. 창업하자마자 갖춰지는 것도 아니고, 마음먹는다고 생기는 것도 아니다. 특히 소비자가 마음으로 만족을 얻는 가심비나 내 가게만의 스토리텔링은 장사 초기부터 온전히 구축하기 어렵다.

경력이 있다 해도 단순히 월급을 받으며 식당일을 해온 사람에게 모든 것을 관리하고 운영해야 하는 창업은 결과를 알 수 없는 도전과도 같다. 제아무리 주방장으로 오래 근무했다 해도 자기 돈으로 식자재를 산 적이 없다면 사장의 자리가 어려울 수밖에 없다. 더구나 주방에서는 베테랑일지라도 홀까지 봐야 하는 상황에서는 완전 초보나 마찬가지다. 그만큼 식당 경영은 새로운 영역이다.

식당을 창업하는 사람들의 분포를 보면 경험이 상대적으로 적은 초보 사장이 대다수다. 그들의 눈높이에 맞춰보면 그나마 가장 먼저 신경 써야 할 부분은 바로 가성비다. 물론 식당 경험이 아예 없다면 가성비도 맞출 수 없다.

그러니 처음 식당을 열어 운영해보면 다른 경험자들의 경력에 버금가는 시간을 버텨야 한다. 일정한 액수의 돈을 투자해 식당을 창업했다면 당장은 투자 대비 수익률을 따지면 안 된다. 경력이 없는 사람에게 식당 창업은 돈을 들여 배움터를 만든 것과 같다. 즉 나의 직장을 이제 막 만든 것이다.

어떤 분야를 택했든 이 직장이 초기에 낼 수 있는 수익은 초보자 수준의 인건비가 고작이다. 그전에 어떤 일을 해서 얼마를 벌었는지는 전혀 상관없다. 초보 창업자는 흔히 자신이 이전에 몸담았던 경력을 고려해 인건비를 500만 원 이상 높게 책정해놓고 시작한다. 이는 명백한 오류다. 비싼 돈을 내고 배우는 상황인데 인건비를 원래 받던 임금 수준에 맞춰 받고서 수익을 내겠다는 발상 자체가 말이 안 된다.

가성비를 잡으려면 단순하게 생각해 가게를 운영하는 자신이 덜 가지면 된다. 주인이 더 힘들수록 그만큼 가성비는 더 좋아진다. 처음 장사를 시작한 사람이 20~30년의 연륜을 쌓은 사람과 절대 같을 수 없다. 그래서 가성비를 유지하는 것만으로도 장사의 시작은 성공이라고 할 수 있다.

한편 탄탄한 가성비의 근간은 재방문율을 보면 알 수 있다. 또 사람이 많이 찾아올수록 그만큼 가게를 운영하는 연습이 된다. 하루에 열 명이 방문하는 것보다 백 명이 방문하면 연습을 더 할 수 있고, 그만큼 빠르게 자리를 잡을 수 있다.

이때에도 백 명의 손님이 찾아왔다고 해서 모두 자신의 수입으로 여기면 안 된다. 단순히 계산해 1인당 매출액이 1만 원일 때 열 명이 오면 10만 원, 백 명이 오면 100만 원을 벌었다고 생각한다면 큰 오산이다. 누누이 강조하지만 장사를 시작하자마자 돈부터 벌겠다는 목적을 가지면 반드시 실패한다.

1장 먹는 장사, 어떻게 시작할까

어떤 경우라도 처음에는 스스로 연습하는 시간이라 생각해야한다. 그렇게 실력을 쌓고 경험을 하고 나서야 그다음으로 가심비와 스토리텔링을 생각할 때가 찾아온다.

같은 맛을 내더라도 더 좋은 재료를 쓰거나 더 낮은 가격으로 판매해 경쟁 식당들보다 앞서나가는 것도 중요하다. 거기에 남들이 절대 따라 할 수 없는 경쟁력이 있다면 바로 그것이 자신의 식당만이 가진 특별함이다. 이런 여건이 갖춰졌을 때 비로소 가심비를 잡을 수 있다. 결국 가심비는 손님이 자신이 낸 돈만큼, 아니 그 이상 감동을 받는 일이다.

가심비를 잡기 위해서는 맛있는 음식은 기본이고, 맛 이외에도 특별한 뭔가를 제공해야 한다. 예를 들어 단골들의 얼굴과 식성을 기억했다가 슬쩍 사소한 서비스를 제공하거나 타깃층이 좋아할 만한 콘셉트의 인테리어로 꾸며 손님들의 눈을 즐겁게 만든다면 가심비를 높일 수 있다. 또 다른 곳에서는 맛볼 수 없는 독특한 소스를 내는 것처럼 사소해 보일 수 있는 요소들이 모두 손님에게 감동을 주기도 한다. 가게의 청결 상태는 기본 중의 기본이다.

손님들이 식당을 찾는 이유는 배가 고파 음식을 먹기 위해서지만, 요즘은 삶의 만족도를 높이기 위해 오랜 시간이 걸

려도 전문 식당을 찾아간다. 다른 사람이 볼 때는 '뭐 하러 저런 데 돈을 쓸까?' 하는 경우에도 '내 만족을 위해서라면' 기꺼이 지갑을 연다. 방송에 나온 맛집들의 문 앞에 사람들이 장사진을 치며 줄을 서는 것도 같은 마음일 것이다.

가심비를 잡았다면 이제 스토리텔링이 필요한 순간이다. 자신이 만들고 있는 음식에 깃든 스토리가 필요하다는 말이다. 하지만 음식에 대한 스토리는 영화 시나리오를 쓰듯이 사장의 마음대로 만들어지지 않는다. 가성비를 잡기 위해 노력하고 손님을 응대하면서 생기는 수많은 스토리들, 그 과정에서 만들어진 새로운 메뉴들이 그대로 스토리텔링의 요소들이된다.

'내가 이 메뉴를 왜 이렇게 만들었지?'
'메뉴가 왜 이렇게 바뀌게 됐지?'

이런 질문들의 답이 쌓이다 보면 자연스럽게 그럴듯한 스토리가 만들어진다.

'나는 꼭 의성 마늘만 쓰지, 그 이유는 말이야…….'

1장 먹는 장사, 어떻게 시작할까

이렇듯 자신의 음식에 대한 확고한 의지나 눈높이, 방향성 따위가 정립되고 그것을 잘 표현해놓은 것이 바로 스토리텔링이다. 기본적인 경력을 갖추고 자신의 음식에 대한 명확한 방향을 정립할 수 있을 때 가게만의 특별함, 스토리는 자연스럽게 덧입혀질 것이다.

쪽박집에 대박집의 성공비결이 있다

창업을 준비할 때는 식당 운영의 전반적인 방식을 습득하는 부분과 조리 비법에 관한 기술적인 부분을 나눠서 생각해야 한다. 사실 멘토 찾기도 어렵고, 찾는다 해도 기술을 전수받기가 쉽지 않다. 배울 수 있는 것들은 강의든 실전이든 찾아서 배우되, 결국 스스로 깨치는 게 답이다.

간혹 조리법을 알기 위해 돈을 지불하겠다는 사람도 있다. 그럴 경우 대박집 사장들은 대단한 비법을 전수해줄 것처럼 설거지부터 해보라며 너스레를 떤다. 돈을 주고 설거지까지 하면서 만드는 법을 배웠다 치자. 그 기술만 배워 가게를 차렸을 때 바로 대박집이 될 수 있을까? 만약 가게 이름까지

가지고 간다면 가능할지도 모른다. 열 명 중에 여덟 명이 알고 있는 식당이고, 이름까지 빌려왔다면 조리 비법만 배워도 어느 정도의 성공을 예상할 수 있다. 그렇다면 멘토링도 필요 없이 잘되는 집에서 배울 수 있는 운영 방식은 역시 식당이 잘 돌아갈 때의 방법이니 그대로 배워오면 충분하다.

그렇지만 앞서도 말했듯 나는 비슷한 업종의 가게 중에 잘되지 않는 곳에 가서 배우는 걸 더 권한다. 한 달도 좋고, 몇 달간 있어도 괜찮다. 안되는 가게에서 일하면서 안될 수밖에 없는 이유를 찾으라. 다시 말해 자신이 가게를 열었을 때 제대로 돌아가지 않을 경우에 대비해 어떻게 대응할지를 배우는 것이다.

하루 종일 사람이 없다면 누구라도 반쯤 미칠 것 같은 기분이 들 수도 있다. 손님이 없으면 종업원의 태도도 쉽게 바뀐다. 사장도 마찬가지다. 그럴 때 함께 기운을 북돋우며 파이팅하는 자세가 필요하다. 또 손님이 있을 때와 없을 때의 차이를 분석해봐야 한다. 어떨 때 손님이 있고, 어떨 때 가게가 텅텅 비는지, 그 원인을 알면 헤쳐나갈 방도도 찾을 수 있다.

식당을 창업하기 전 준비 기간이 100이라면 반 이상은 장사가 안되는 가게에 가서 일을 하고 스스로 물어보고 배워라.

그렇게 여러 가게에서 일을 하다 보면 분명 사장의 생각대로 운영하는데도 장사가 잘되지 않는 가게들이 있을 것이다. 그런 위기를 겪은 경험은 돈 주고도 배울 수 없는 값진 것들이다. 만약 자신이 가게를 차린 뒤에 비로소 모든 걸 겪는다면, 상상만으로도 아찔하다. 치러야 할 비용을 감당하랴, 손해가 이만저만 아닐 것이다. 그러니 다양한 경험을 쌓고 준비를 마친 다음에 대박집만의 비법을 배워도 늦지 않다. 가게를 열기까지 시간이 필요하다는 나의 절절한 조언을 이제 이해했길 바란다.

보통 창업을 준비하는 사람들은 머릿속에서 완벽한 구상을 하려는 습성이 있다. 메뉴에서부터 운영 방식까지 머릿속에 다 차려두고 시작하면 된다고 생각한다. 물론 대박이 날 거라 굳게 믿으면서 말이다. 그러나 준비 기간을 겪고 나면 그동안 자신이 구상해온 것들이 얼마나 현실 감각이 없고 허황한 것이었는지 깨닫게 된다. 누가 뭐라 해도 직접 겪어보는 것만큼 좋은 준비는 없다.

내가 파는 음식, 내가 만들 수 있는가

장사를 하려면 무조건 돈에 대한 온전한 이해가 바탕이 되어야 한다. 과거 한국 사회에서는 돈에 관한 교육을 하지 않는 추세였다. 부모로서는 아직 어른이 되지 않은 자식이 벌써 돈 때문에 고민하게 하는 게 싫었기 때문이었을 수도 있다. 하지만 돈에 관한 공부야말로 빠를수록 시행착오가 줄어든다. 그래서인지 요즘은 이런 교육이 합리적이라고 여기는 사람들이 늘고 있다.

나는 돈에 대한 교육을 따로 받지 않았지만, 운 좋게 가난하게 자라지 않았다. 어릴 적부터 돈 버는 일에 관심이 많던 덕분에 성인이 될 무렵에는 좀 더 큰 규모의 사업을 통해 돈을 벌겠다는 데 생각이 미쳤다. 고등학교 3학년 때다. 대학 입시를 끝내고 입학 전까지 여유 시간을 활용해 새로운 경험을 해보고 싶었다. 아르바이트를 찾던 중 친구의 형이 장안평에서 중고차 장사를 하고 있다는 이야기를 들었다. 그리고 만약 내가 손님을 데려오면 한 명당 5000~1만 원을 준다며 함께 해보자는 제안을 받았다. 장안평 중고차 단지는 어차피 중고차 가게가 즐비하게 들어선 곳이라 방문자 대부분이 차를 사러 오는 사람들이었다. 그중 몇 명만 데려가도 괜찮겠다는 생각이 들었다.

"좋은 차 있으니까 보러 오세요."

특별한 홍보를 하지 않아도 단지를 방문한 사람들에게 이 말만 하면 되니 성공하든 못 하든 재미있겠다 싶었다. 게다가 열심히만 하면 돈도 벌 수 있으니 흔쾌히 해보겠다고 나섰다. 이틀 정도 해보니 일이 너무나 단순했다. 그리고 손님에게 차를 팔면 건당 20~30만 원을 받는다는 사실을 알게 됐다.

'손님을 데려간 나는 고작 오천 원을 받는데, 차를 팔면 저렇게 많이 받는 거야?'

엄청난 수익 차이에 놀랄 수밖에 없었다. 그런데 담당자들에게 손님들을 데려가도 계약으로 이어지는 경우가 드물었다. 중고차 딜러들이 차를 너무 못 팔았던 것이다. 초보자인 내 눈에도 번번이 손님을 놓치는 게 보였다. 애써 손님들을 데려가도 그냥 돌려보내는 모습을 보고 있으니 답답하기 짝이 없었다. 손님이 원하는 차가 무엇인지 뻔히 보이는데, 잘 팔수 있는 방법이 눈에 보이는데 결과를 내지 못하는 모습에 내가 직접 차를 팔아보겠다고 했다.

"어떤 차를 찾으세요?"
"지금 포니 타는데 좀 큰 걸로 바꾸려고……."

이런 사람은 약간 허영기가 있는 사람이다.

"기름값이 많이 들어서 좀 작은 차로 바꾸려고요."

이런 사람은 실속형이다. 한두 마디만 나눠보면 차를 사러 온 사람의 심리가 보였다. 겉보기에 화려함을 좇는 사람에게는 그런 욕구를 채워줄 만한 차를 소개하고, 실속적인 사람에게는 연비가 좋고 잔고장이 적은 차를 소개하면 된다. 손님이 원하는 것을 빠르게 알아차리고 원하는 결과를 알려주기만 하면 된다. 정말 간단한 영업의 기본이다.

그런데 사무실에서는 차를 사려는 사람이 원하는 차와는 전혀 다른 모델로 이야기가 흘러 처음에 사려 했던 것과

1장 먹는 장사, 어떻게 시작할까

완전히 다른 구매로 이어졌다. 작은 차를 타다가 같은 가격대의 대형 차를 타고 싶어 하는 사람에게 자꾸 실속을 강조하는 식이다. 또 손님에게 적당한 차가 없으면 다른 사무실의 차량을 소개하고 수수료를 받으면 된다. 그런 융통성을 발휘하지 못해 차를 잘 팔지 못하고 있던 모습을 보던 나는 이제 어느 정도 중고차 판매의 생리를 파악했다고 판단해 차를 직접 팔아보겠다고 했다.

"네가 차를 팔겠다고? 보기에는 쉬워 보이지? 어디 해봐!"

친구의 형은 차 한 대 파는 것이 얼마나 어려운 일인지 해보면 알 거라고 했다. 처음에는 그동안 귀동냥한 정보로 우리 사무실에서 소유한 차량만 팔았다. 앞서 말한 것처럼 손님이 원하는 부분을 정확히 파악하고 그 마음을 시원하게 긁어준 것이다. 거짓말처럼 첫 손님을 상대해 40분도 안 돼 차 한 대를 팔았다. 그리고 첫 차를 판 수수료로 20만 원 정도를 받았다. 단순히 호객을 해서 얻는 수입에 비하면 어마어마한 액수였다. 그리고 이주일 만에 여섯 대를 팔았다. 돈이 쌓여가는 것을 보니 일에 대한 재미도 상당해 천직을 찾은 줄 알았다.

그런데 얼마 안 가서 생각지도 못한 일이 터졌다. 흔쾌히 차를 사갔던 손님 중 한 분이 찾아와서는 나를 보자마자 따귀를 올렸다. 내 말만 믿고 샀는데 손님은 내가 자신을 속였다면서 불같이 화를 냈다. 사실 나로서는 사무실에서 알려준 정보만 믿고 차를 파는 게 전부였다. 그러니 자동차 내부의 세세한 사정을 모를 수밖에 없었다. 나중에 알고 보니 그 손님에게 팔았던 차는 주행 거리가 조작됐고 무사고라고 소개했는데 큰 사고로 용접까지 한 차였다. 그 순간 나도 엄청난 충격을 받았을 뿐만 아니라 손님에게는 너무나 미안함을 느꼈다. 그 일을 계기로 깨달았다.

'아, 이게 사기구나.'

내가 파는 물건에 대해 누구보다 제대로 알고 있어야 한다는 걸 처음으로 뼈저리게 느꼈다. 사무실에서 손님에게 돈을 다 물어주자 나는 그 자리에서 중고차 딜러를 그만뒀다.

장사에는 소비자에 대한 책임감, 제품에 대한 자신감 그리고 소비자에 대한 신뢰 등이 필요하다. 먹는 장사도 마찬가지다. 자신이 만든 음식을 먹는 손님에게 최상의 품질로 내놓아야 한다는 것, 최선을 다해야 한다는 책임감을 느끼게 해준 값진 경험이었다. 내가 모르는 것, 경험해보지 않은 것, 나에게 나쁜 것은 결국 타인에게도 권하면 안 된다.

식당도 마찬가지다. 자신이 파는 물건을 정확히 이해하고 있어야 한다. 만드는 사람, 파는 사람이 다르다고 해서 몰라서는 안 된다. 특히 식당은 반드시 주인이 음식을 만들 줄 알아야 한다. 그렇지 않으면 손님이 음식에 대해 물었을 때 제대로 된 대답을 내놓지 못한다. 자신의 음식과 서비스에 대한 자신감도 갖고 설득력을 가지려면 빠르게 다량으로 조리하지 못하더라도 자신의 식당에서 내는 음식을 모두 요리할 줄 알아야 한다.

욕심을 경계하라

외식업을 시작하는 많은 사람이 나를 목표로 삼는다는 말을 종종 들었다. 나도 처음 외식 사업을 시작할 때 사업체가 이만큼 커질 거라고 생각조차 못했다. 그러니 이 일을 시작한다면 꿈을 크게 가져라.

'나의 목표는 백종원처럼 큰 사업을 하는 거야.'

이러한 꿈은 그저 자신이 이루고 싶은 목표의 상징처럼만 생각해라. 당장 이룰 만한 목표로는 결코 적합하지 않다.

외식업은 정신적인 스트레스가 정말 심하다. 매일같이 손님들에게 모멸감을 느끼기도 하고 눈앞의 계산이 맞지 않기도 하며 어떤 때는 당장 지급해야 할 인건비가 모자라 고민하기도 한다. 지금 현실이 팍팍한데 매출액 목표가 100억 원이라면 어떻겠는가. 당장 이번 달에 수익 300만 원을 달성하기도 힘든데 말이다. 그러다 보면 누구라도 쉽게 좌절하고 만다. 나 역시 매일 저녁 너무 힘들고, 목표에 한참 모자란 자신에 대해 자괴감을 느끼곤 했다. 성공한 사람을 목표로 삼지 말고 언젠가 도달할 방향 정도로만 잡아 매진하면 서서히 성공에 근접하고 있는 자신을 발견할 수 있다.

식당을 개업하고 어느 정도 자리를 잡아가면서 조금만 잘돼도 처음의 절박했던 마음을 쉽게 잊는 사람들도 있다. 식당 주인의 마음가짐은 음식에 고스란히 드러난다. 그리고 손님은 그것을 단박에 알아차리고 발길을 끊는다. 식당을 하려면 무엇보다 음식의 맛과 양을 일정하게 유지해야 한다. 장사가 잘된다고 해서, 너무 안된다고 해서 섣불리 메뉴 수를 늘리거나 줄여선 안 된다.

가격을 올리는 일도 역시 신중을 기해야 한다. 가격 인상은 음식을 먹으러 온 소비자와 맺은 신뢰를 깨트리는 일이기도 하다. 또한 청결과 재료의 신선도를 유지하는 것은 물론이고, 서비스와 손님 응대에 최선을 다해야 한다.

누구나 식당을 열면서 반드시 지키리라고 처음에 다짐했던 것들을 시간이 갈수록 번거로운 일로 받아들이는 때를 맞는다. 식당 주인이 초심을 잃기 시작하면 손님들이 떨어져나가는 건 시간문제다. 요즘은 SNS를 통해 가게에 대한 평가나 소문이 빠르고 손쉽게 퍼진다. 식당 입장에서 '맛이 변했다'는 평가만큼 치명적인 것은 없다. 가게의 외형적인 발전도 중요하지만 초심을 잃어버리면 식당을 오래 유지하는 일이 점점 힘들어질 수밖에 없다.

'장사를 왜 시작할까?'

음식을 잘한다는 칭찬을 많이 들어서, 남의 밑에서 일하기보다 내 가게를 차리고 싶어서, 다른 일에 실패하고 마지막이라는 기분으로, 직장에 다니는 것보다 쉽게 돈을 벌 거 같아서 등등 장사를 시작하는 이유는 정말 다양하다. 그런데 어떤 이유로 시작하든 막상 장사를 시작하고 나면 대부분 비슷한 말을 꺼낸다.

"장사가 생각보다 쉽지 않아요."

그렇다. 세상에 쉬운 일은 없다. 장사는 더더욱 그렇다. 한때 잘되던 식당이라도 한순간에 사라질 수 있는 것이 바로 외식업이다.

초심을 잃지 않고 유지하기란 말이 쉽지 정말 힘든 일이다. 장사를 하려면 즐기면서 해야 한다고 말하는 것도 그런 이유다. 그리고 어떤 일이든 자신이 좋아하는 일을 즐기면서 할 때 스트레스를 덜 받고 초심도 유지할 수 있다. 무조건 돈만 벌면 된다는 욕심으로 식당을 운영한다면 오히려 들어오던 돈을 쫓아버리고 만다.

다행히 나는 방송이든 사업이든 내가 좋아하는 음식과 관련된 일을 하다 보니 아무리 일이 많아도 별로 힘듦을 느끼지 않는다. 늘 재미있고 늘 새로운 뭔가를 배우는 기분으로 일하니 당연히 즐기면서 할 수 있다. 거기다 나와 함께한 사람들이 변화해나가는 모습을 보면 뿌듯함도 느낀다. 그런 나라도 음식과 관계 없는 일을 하라고 했다면 쉽게 지치고 스트레스를 받았을 것이다.

초심을 유지하라는 말이 피상적으로 들려 와닿지 않을 수 있다. 그럴 때는 개업 전날이나 개업하기 한 시간 전을 떠올리면 된다. 식당 개업날 아침만큼 절박한 순간도 없을 것이다. 아무리 강심장을 가진 사람이라도 그 순간만큼은 주변 모든 것에 의지해 간절히 기원하기도 한다.

'진짜 열심히 잘할 테니 잘되게 해주세요.'

대학 입시를 앞둔 수험생의 마음과 비슷할지 모르겠다. 식당을 창업해본 사람이라면 누구나 알 것이다. 가게 문을 연 첫날에 정말 단 한 명이라도 손님이 들어와주기를 간절히 기도한다. 그런 마음을 가지고 장사를 하는 것과 아무런 생각 없이 장사를 하는 사람은 천지차이다. 장사가 잘되건 안되건 초심은 잘 사라진다. 사람은 누구나 시간이 흐를수록 처음의 다짐에 쉽게 무뎌지기 때문이다. 그런 순간을 위해 외부에서 지적해줄 누군가를 옆에 두면 더없이 좋다.

하지만 남의 장사에 쉽게 훈수를 둘 수 있는 사람은 많지 않다. 내가 〈백종원의 골목식당〉 방송을 통해 간혹 심하다 싶을 정도로 주의를 줬던 것도 그런 자극을 받으라는 의미에서였다. 방송에 나온 사장님들에게 내가 주로 했던 말들은 사실 누구라도 한 발짝 뒤에서 자신의 모습을 보면 "저건 당연한 거 아니야?" 할 만한 내용들이다. '메뉴를 줄여라', '레시피를 정량화해라', '청결에 힘써라' 등의 조언은 매번 대상이 바뀔 뿐, 늘 반복해서 강조하는 장사의 '기본'이었다. 하지만 정작 식당을 운영하고 있는 사장님들은 진정성 있는 대화로 믿을 수 있는 누군가가 옆에서 이야기해주지 않으면 스스로 느끼지 못한다. 무리한 욕심을 버리면, 초심을 잃지 않고 진득하게 노력하고 애쓴다면 성공할 수 있는 가능성이 그만큼 높아진다.

젊은 시절, 나는 낚시를 좋아했다. 낚시를 한다고 하면 보통 '가만히 앉아 기다리는 걸 좋아해서 그렇다'라고 생각한다. 아니면 고기를 낚을 때 느끼는 손맛 때문이라고도 한다. 내가 낚시를 즐기게 된 이유는 조금 다르다. 나는 낚시를 하며 '투자하는 만큼 얻을 수 있다'는 경제 원리를 발견했다.

일반적으로 낚시를 할 때는 낚싯대를 드리운 주변에 밑

밥을 뿌린다. 그러면 밑밥을 먹기 위해 물고기가 몰려들 것이고 당연히 물고기를 낚을 기회도 많아진다. 낚싯대 하나에 달랑 매달려 있는 미끼만으로는 성공 확률이 그만큼 낮다. 이렇듯 물고기를 잡으려고 해도 지렁이든 떡밥이든 밑밥을 깔아놓아야 한다. 투자나 식당 운영도 마찬가지다. 자본을 투입해 수익을 거두려면 투자금이라는 밑밥을 제대로 뿌려야 얻는 수익금도 많아진다.

또 낚시를 할 때 물고기가 미끼를 물 시간을 주지 않고 성급하게 낚싯대를 거둬들이면 결코 물고기를 낚아 올릴 수 없다. 낚싯대를 드리우고 밑밥을 뿌려놓았다면 물고기가 미끼를 물 때까지 기다려야 한다. 왜 입질이 없느냐고 동동거리지 말고 밑밥도 종종 뿌려주면서 물고기들이 찾아오기를 기다려야 한다.

간혹 물고기가 잡히지 않는 자리라고 투덜대며 옆에 있는 낚시꾼과 자리를 바꾸기도 한다. 그럴 경우에 조금 전까지 자신이 있던 그 자리에서 물고기가 잡히기도 한다. 하지만 이건 자신의 운이 없어서가 아니다. 그동안 뿌려놓은 밑밥 덕에 이제 막 잡히기 시작할 때인데 그 순간까지 더 기다리지 못해서 놓친 것이다.

식당에서 브랜드로, 가능성을 키우는 묘미

새로운 식당 브랜드를 만드는 일은 바꿔 말하면 '가능성을 실현하는 일'이다. 대중의 심리를 파고드는 일은 내가 느끼는 불편으로부터 시작된다. '이럴 때 먹기 불편하던데', '메뉴 구성이 이랬으면 좋겠어'라는 아쉬움이 새로운 브랜드를 만드는 동력이 된다.

먹는 걸 좋아하는 나는 나의 필요에 따라 음식을 떠올린다. 음식을 먹다가도 '왜 이렇게밖에 못 만들지', '왜 맛이 없지' 생각하면서 자연스럽게 조리법에 대해 연구한다. 또 매번 먹고 싶은 맛을 찾으러 다니기 불편해 직접 음식을 만들기 시작했다.

사업도 마찬가지다. 처음부터 어떤 메뉴를 만들어 손님한테 팔아보겠다며 시작하지 않는다. '이런 게 있으면 편할 텐데 왜 없을까', '이건 불편한데 편하게 바꾸면 어떨까' 같은 생각에서 시작한다. 결국 불편함을 없애려는 시도에서 출발한다고 생각해야 한다. 내가 '백종원의 원조쌈밥집'을 운영하면서 단순한 된장 쌈장에서 다양한 채소와 해물을 넣은 쌈장으로 바꾼 이유 역시 단순했다.

'나라면 이걸 돈 주고 사 먹을까?'

이처럼 단순한 질문을 던지면서부터 관점이 바뀌기 시작했다. 쌈장을 바꾸겠다고 마음먹었으니 이왕이면 맛도 좋고 영양도 풍부하게 만들자고 생각했다. 해물과 채소를 듬뿍 넣어 영양가 좋은 쌈장으로 탈바꿈시키자 건강식이라는 입소문을 타기 시작했다. 그야말로 대박이 났다. 어찌 보면 관점을 바꾸는 것은 간단한 일이다. 보는 시선을 조금만 다르게 하면 된다.

내가 처음 식당을 인수할 때부터 원래 그 자리에는 쌈밥집이 있었다. 당시에 나는 쌈밥집은 그만하고, 대구탕으로 메뉴를 바꿔 식당을 새로 열고 싶었다. 그런데 같이하기로 했던 주방 아주머니가 아들을 만나러 잠깐 미국에 다녀오기로 했다가 못 돌아오게 되면서 그대로 쌈밥집을 하게 된 것이 '백종원의 원조쌈밥집'이다. 솔직히 말해 그때까지 난 쌈밥을 좋아하지 않았다. 누가 돈을 주고 쌈을 사 먹는지 의아해할 정도였다. 하지만 막상 내가 쌈밥집을 시작하게 되니 진지하게 고민하기 시작했다.

'쌈을 좋아하지 않는 사람도 먹게 만들 방법은 없을까?'

쌈밥집을 인수할 때만 해도 쌈밥집에서 쓰는 쌈장이라고는 경상도 스타일의 장독대에서 막 퍼낸 된장이 전부였다. 요즘이야 된장에 고추장, 고춧가루, 간마늘 이외에도 여러 재료를 섞어 먹음직스럽게 쌈장을 만들어내지만, 그때는 다들 막된장을 썼다. 젊은 친구들에게 된장을 생으로 먹으라고 하는 건 장사를 하지 않겠다는 것이나 마찬가지라는 생각이 들었다. 나조차도 먹기 꺼리는 음식을 손님에게 돈을 받고 내놓을 수는 없는 노릇이다.

고민 끝에 쌈밥을 해야 한다면 최소한 쌈장이라도 바꿔야겠다고 마음먹었다. 그러다 어머니가 쌈장을 어떻게 해주셨는지 기억이 났다. 집에서 쌈을 먹을 때 주로 먹던 쌈장은 양파와 대파를, 또 고기나 우렁을 다져 넣어 뚝배기에서 보글보글 볶다가 참기름을 넣는 식으로 만들었다. 그런 쌈장을 만들면 되지 않을까 생각했다. 그렇게 만든 쌈장을 시범 삼아 내놓았는데 그야말로 대박이 난 것이다.

식당을 운영하는 사람이라면 자신이 감당할 수 있는 선에서 최고의 맛을 내기 위한 성의가 필요하다. 그것이 바로 내

식당을 일부러 찾아온 손님에 대한 기본 예의다. 손님이 그 식당의 사정을 봐줘야 할까? 결코 그렇지 않다. 일정한 맛을 내는 것도 기술이고 투자다.

그렇게 관점을 바꿔 성공한 대표적인 브랜드가 '한신포차'와 '해물떡찜0410'이다. 더본코리아의 브랜드를 말할 때 빼놓을 수 없는 것이 '한신포차'다. '한신포차'를 론칭할 때는 IMF 시기여서 사회 분위기도 암울하고 모두 힘겨워할 때였다.

'한신포차'는 문을 열자마자 대박이 났다. 대체로 포장마차는 길거리에, 그것도 아주 소박한 외형으로 자리 잡고 있다 보니 도시의 애환, 가난 등을 먼저 떠올리는 짠한 장소의 대명사다. 그런 선입견을 깨뜨리고 싶었다. 무엇보다 포장마차에 들어가는 자신의 모습이 다른 사람에게 좀 멋있게 보이면 안 될까라는 아주 단순한 생각이 발단이었다. 그렇게 대형 실내 포장마차로서는 최초로 투명한 폴딩 도어를 도입해 큰 규모로 만들었다. 내부가 그대로 들여다보였고 포장마차답게 플라스틱 테이블과 의자를 놓았다. 또 '포차'라는 이름에서 주는 느낌을 그대로 살려 오후 5시에 문을 열어서 그다음 날 아침 9시까지 운영했다. 아침까지 장사를 하니 연예인들까지 많이 찾으면서 인기 있는 식당이 됐다. 독특하고 인상적인 운영 방식 덕분에 입소문이 나면서 사람들을 더 많이 불러들였다.

　　메뉴 하나를 특화시켜 성공한 사례도 있다. '한신포차'에서 인기 많던 대표 메뉴인 해물떡볶이를 브랜드화한 프랜차이즈가 '해물떡찜0410'이다. 전국에 떡볶이를 파는 분식집은 어마어마하게 많다. 길거리를 오가다 별 고민 없이 가볍게 먹을 수 있는 대표 메뉴인 떡볶이를 파는 공간은 대체로 아담하고 테이블도 다닥다닥 붙은 곳이 많았다. 하지만 '해물떡찜0410'을 준비할 당시에는 단순히 분식집에서만 먹는 떡볶이가 아니라 한 끼 식사로도 가능한 떡볶이를 먹고 싶어 하는 대중들이 늘어나는 추세였다. 마침 달콤하고 매콤한 해물떡볶이가 이미 젊은 층의 입맛에 합격점을 받은 터라 좀 더 깔끔하고 고급스러운 분위기에서 제대로 된 식사를 하는 느낌을 주고 싶었다.

　　이러한 외식 시장의 흐름을 반영해 인테리어를 좀 더 고급스럽게 단장시킨 '해물떡찜0410'이라는 브랜드를 론칭했다. 그 역시 흥행이 적중했고, 사람들로부터 엄청난 호응을 받았다. 물론 우후죽순처럼 솟아나는 경쟁사들 때문에 오래가지는 못했다. 하지만 소비자의 니즈를 분명히 알고 공략해 성공한 사례로서 참고하기에 충분히 가치가 있다.

인테리어부터 타깃층, 메뉴 구성까지 모든 것이 분식집과는 반대일 것만 같은 파스타집도 마찬가지다. 파스타는 고급 레스토랑에서 비싼 돈을 내고 먹어야 제대로 된 맛이 날 것 같은 대표적인 메뉴다. 하지만 이탈리아에서 파스타는 우리나라의 비빔국수와 같다. 그만큼 대중적인 음식이라는 뜻이다. 무엇보다 외국 음식이라는 이유로 비쌀 이유가 없다고 생각했다.

그런데도 한국에서만 유난히 파스타가 비싼 이유가 무엇일지 궁금했다. 내가 내린 결론은 파스타를 만드는 방법에 전문성이 필요하다는 생각으로 수렴했다. 그리고 정식 교육을 단계별로 밟아 셰프처럼 음식을 구현하려면 오랜 시간이 필요하겠지만, 그 과정을 덜어낸다면 합리적인 가격으로도 맛있는 파스타를 팔 수 있을 거라 생각했다. 또한 비싼 가격에 고급 식재료가 들어가는 다른 이탈리아 요리들은 빼고 파스타 중심으로 요리한다면 음식을 제공하는 시간도 빨라질 거란 판단이 섰다. 소스도 양념화시켜 레시피로 양을 정해두면 변함없는 맛을 내면서 누구나 쉽게 파스타를 만들 수 있다고 믿었다.

이런 고민의 과정을 거듭해 2018년 '롤링파스타'를 론칭했다. '롤링파스타'는 이탈리안 파스타를 캐주얼하게 해석한 브랜드로, 다양한 메뉴를 합리적인 가격으로 선보여 젊은 층을 공략하는 데 성공했다. 이런 장점에 세련되면서도 캐주얼한 인테리어까지 더해져 젊은 층 사이에서 반응이 좋았다. 이처럼 내가 불편한 것을 없애기 위해서, 손님이 바라는 것을 해결하기 위해서 아이디어를 찾고 가능성을 실현하다 보면 결국 해결점을 찾게 된다.

리춘 시장

2장
———

잘되는 가게로
거듭나기 위해
고민할 것들

외식업은 항상 소비자의 마음을 읽어야 한다. 그리고 소비자가 이탈할지도 모른다는 불안한 마음을 가지고 있어야 한다. 이는 매상이 일정 수준에 올랐다 해도 마찬가지다. 나도 손님이 줄어들면 왜 그럴까 고민한다. 이때도 '인내심'이 절대적으로 필요하다. 수없이 많은 것을 고민하고 연구하지만 당장 매장에 적용하지는 않는다. 새로운 것을 시작하면 그에 대한 반응은 최소 6개월은 지나야 나타난다. 그렇기 때문에 인내심을 가지고 기다려야 반응을 보고 올바른 판단을 내릴 수 있다. 프랜차이즈를 만드는 측면에서 보면 여러 프랜차이즈를 만드는 것보다 하나의 프랜차이즈가 오래가는 게 낫다. 하지만 현실에서 소비자는 쉽게 유행에 편승한다. 대중적 취향의 흐름대로 변하는 것이 입맛이다. 즉 쉽게 변하는 사람의 입맛까지 사로잡을 수 있는 노하우를 가지고 있어야 성공할 수 있다.

당장 얼마가 남는지는 잊어라

창업을 생각하고 준비하다 보면 가장 압박을 받는 부분이 돈이다. 사업을 시작하며 준비한 액수는 정해져 있는데 막상 일을 시작하면 어디로 새는지 알 수 없을 정도로 돈이 많이 든다. 창업은 단계마다 고비가 따른다. 문을 열고서도 손님이 들어오기까지 버티기 위해서는 여유 자금도 있어야 한다.

창업을 생각해 가게를 준비하며 돈 계산을 할 때 가장 중요한 것은 총 투자 비용 대비 여유 자금을 어느 정도 가지고 있어야 하느냐다. 본격적으로 식당을 운영하기 시작하면 매달마다 꼭 들어가는 비용이 보인다. 임대료, 인건비, 식자재비……. 우선 임대료와 인건비만 고려해 여유 자금을 따져보자. 가게를 운영하는 데 한 달에 700만 원이 든다 치면 적어도 석 달, 넉넉하게는 다섯 달 정도 감당할 돈을 갖고 있어야 한다는 의미가 된다.

예전에는 사업 자금에서 초기 투자비와 여유 자금의 비율을 7 대 3으로 계산했다. 하지만 요즘은 이 공식에서 자금의 비중이 달라져야 한다. 임대료에 비해 권리금의 비중이 커져 초기 투자 액수가 커졌기 때문이다. 강남 한복판에 있는 작은 식당을 예로 들어보자.

권리금 2~5억 원

보증금 3000~5000만 원

임대료 월 300~500만 원

석 달 동안 낼 임대료, 여기에 직원을 한두 명 정도 고용하면 1년에 1억 원이 넘는 액수가 여유 자금으로 필요하다. 총 사업비 5억 원을 들여 가게를 차린다고 했을 때 여유 자금은 20퍼센트 정도의 액수로 잡는다. 요즘에는 창업 초기 투자비에서 여유 자금으로 임대료와 인건비를 월별로 계산해 최소 5개월에서 12개월 정도의 금액을 갖고 시작하길 권한다.

식당을 운영할 때는 얼마나 열정적으로 하느냐도 중요

하다. 식당의 순익은 눈에 보일 만큼 극적으로 오르지 않는다. 일매출을 꼼꼼하게 따지고 분석하다 보면 자칫 첫 달부터 식당하는 재미를 잃을 수도 있다. 힘은 힘대로 들고 보람도 찾지 못하는 경우가 많다. 당장은 여유 자금이 있으니 인건비와 임대료는 그 안에서 쓰면서 손익은 차차 계산해도 늦지 않다. 식당이 자리잡는 게 최우선이다.

첫 달 장사를 통해 30만 원밖에 남지 않았다고 상상해보면, 지금 자신이 뭐 하고 있는 것인지 회의감이 들면서 좌절할 수 있다. 하지만 첫술에 배부를 수는 없는 법이다. 식당 수익은 점차 올라가기 마련이다. 5개월쯤 지나고 나서 돈을 무진장 벌었을 거라 생각했지만, 실상을 따져보니 한 달에 고작 300만 원을 벌었다면서 한숨을 쉴 수도 있다.

'삼백? 만족스럽지는 않아도 꾸준히 해보자.'

그러니 식당 운영은 매일같이 마인드 컨트롤이 필요한 일이다. 스스로 마음을 다스리지 못한다면 별것 아닌 일에도 제 풀에 꺾여 제대로 일할 맛이 나지 않기도 한다. 돈은 벌고 싶다고 해서 모두 벌 수 있는 게 아니다. 자신이 좋아하는 메뉴를 내는 식당을 하면서 보람을 느껴보라. 그러다 보면 돈도 자연스레 따라온다.

손님의 눈높이에 대한 감각을 키워라

식당을 준비하는 데 있어 제일 중요한 요소는 '경험'이라고 늘 강조한다. 그다음으로 필요한 요소가 바로 '눈높이'를 맞추는 것이다. 이때도 역시 욕심을 버려야 한다. 모든 손님이 자신의 식당에 찾아와 만족해야 한다는 생각으로 외식업을 시작하면 안 된다. 모든 사람이 자신의 식당을 찾길 바라면 안 된다는 의미다. 먼저 식당을 찾는 소비층을 세분화해보라. 저렴한 가격으로 아침식사를 간단하게 먹고 싶은 사람, 빨리 먹고 얼른 나가고 싶은 사람, 국물에 밥이나 국수를 말아 먹고 싶은 사람 등 손님들의 취향을 세분화하는 것이다.

남자 손님, 여자 손님, 어른 손님, 아이 손님처럼 단순하게 구분하면 안 된다. 외식 비용의 많고 적음을 떠나 소비자가 식당을 찾는 정확한 이유와 그에 따른 요구 사항을 분석할 수 있어야 한다. 그리고 각 소비층에 따라 자신이 준비할 프랜차이즈를 정하고 식당을 찾는 주 고객을 파악해야 한다.

그다음으로 자신이 주 고객층이라면 식당에서 바라는 음식과 서비스가 무엇인지 끊임없이 고민하고 찾아다녀야 한다. 소위 대박집은 이미 광범위한 소비층을 확보하고 있기 때문에 분석을 하더라도 큰 도움이 되지 않는다. 어떤 메뉴로 시작해 대박이 났을지 정도를 점검하는 수준으로만 참고하면 좋다. 이때도 자신이 정한 소비층의 눈높이에서 바라봐야 한다.

다음으로 단일 메뉴로 구성하되 질리지 않는 메뉴 위주여야 한다. 만약 평수가 작은 매장이라면 포장해서 가져갈 수 있는 메뉴도 준비해둔다. 배달이 활성화돼 있는 우리나라의 여건상 가게에 앉아서 먹을 수 있는 메뉴로만 구성하면 절대 승부를 낼 수 없다. 국숫집이 작은 평수여도 괜찮은 이유는 식사 시간이 짧아 회전율이 좋고 사람들이 아무 때나 찾아와 먹을 수 있어서다. 비빔밥도 먹는 시간이 상대적으로 짧고 식사 시간이 아닌 때에 와서 찾는 음식일 뿐만 아니라 포장이 용이하므로 좋은 메뉴에 속한다.

이런 조건을 갖춘 대표적인 예가 '빽다방'과 '역전우동0410'이다. '역전우동0410'은 식사 시간이 아닌 때에도 편히 찾아와 먹을 수 있고 회전율도 좋다. '빽다방'은 가격 대비 맛있다는 장점도 있지만 포장으로 올리는 매출액도 상당하다. 이처럼 평수가 작은 특징을 보완하기 위해 혼자 일하며 인건비를 줄이거나 포장을 적극 활용하는 식으로 끊임없이 고민하고 방법을 찾아야 한다.

재고 관리도 챙겨야 한다. 오늘 10인분이 나가고 내일 100인분이 나가도 가게 운영에 타격을 주지 않는 메뉴여야 한다. 오늘 준비한 식재료를 다 소진하지 못해도 냉동시켰다가 내일 또 팔 수 있거나 주문 즉시 곧바로 꺼내어 만들 수 있는 아이템을 선정해야 한다. 보통 식당을 창업할 때는 맛을 선택의 기준으로 생각한다. 당연히 맛도 중요하다. 그러나 가게를 운영하다 보면 재고 관리가 필수라는 것을 깨닫게 된다. 이런 부분까지 세밀하게 고려할 수 있을 때 가게를 운영하며 겪는 심한 굴곡을 슬기롭게 헤쳐나갈 수 있다.

우리나라도 점점 1인 가구가 늘어나면서 라이프스타일이 변하고 있다. 과거 일본에 가서 누구의 방해도 받지 않고 혼자 식당에 앉아 밥을 먹었던 경험이 지금도 기억에 남아 있다. 당시 우리나라 사람들도 곧 혼자 식당에서 밥을 시키는 일이 자연스레 늘어날 거라고 예상했다.

그런 경험을 바탕으로 만들었던 프랜차이즈 중 하나가

바로 '카레왕'이다. 일본의 유명 카레 식당 프랜차이즈가 국내에 진출한다는 소식을 듣고는 한국식 카레 식당을 준비해 론칭했다. 그런데 그때 나는 치명적인 실수를 했다. '내 생각'을 가게의 콘셉트에 넣은 것이다. 나는 분식점 메뉴에도 들어 있을 만큼 카레가 익숙한 음식일 뿐만 아니라 매일 먹을 수 있는 메뉴라 여기고 가격을 저렴하게 책정했다. 막상 문을 열고 보니 카레는 기호 식품에 가까웠다.

우리나라 사람들에게 카레는 한 달에 한 번 정도 먹는 별미 메뉴에 속했다. 우동처럼 간식으로 먹기에는 다소 부담스럽게 생각하는 사람이 많았다. 소비자의 눈높이를 놓친 결과였다. 그때 나는 누구에게나 친숙한 메뉴라 할지라도 소비자의 눈높이가 어느 정도인지, 인지도는 어느 정도인지에 대한 감을 갖고 음식의 트렌드를 파악해야 한다는 교훈을 얻었다.

한번은 튀김주먹밥을 주메뉴로 창업하려는 예비 창업자를 만난 적이 있다. 아이디어는 독창적이어서 좋은데 너무 앞서나간 것일 수 있겠다고 생각했다. 만약 내게 튀김주먹밥으로 식당을 차리라고 한다면 아이디어 단계에서부터 조심스럽게 접근할 것이다. 즉 튀김주먹밥을 전면에 내세워 팔 게 아니라 손님들에게 튀김을 잘하는 집이라는 인식을 심어준 후에 메뉴로 넣는 것이다. 처음부터 튀김주먹밥이라는 낯선 메뉴로 접근하면 의외로 소비층이 얕을 수 있다. 이처럼 특이한 메뉴는 일반적인 메뉴와 함께 준비해놓고 친밀도부터 높이면서 인지도를 서서히 올려야 한다.

음식을 만들거나 새로운 메뉴를 만들 때에는 절대로 '손님들이 이 정도는 다 알 거야'라고 생각하면 안 된다. 프랜차이즈를 만들 때에도 자신의 주변 사람들이 먹는 수준이나 즐기는 수준을 기준으로 삼으면 안 된다. 내 주변에는 나와 입맛이나 취향이 비슷한 사람들이 많기 때문이다. 손님이 원하는 음식의 눈높이를 맞추기란 그만큼 쉽지 않다. 일단 자신의 생각과 취향을 버리고 메뉴에 어울리는 소비자 입장에서 바라봐야 한다. 한마디로 내 주관을 철저하게 배제하고 소비자의 눈높이에서 벤치마킹을 할 수 있어야 한다.

권리금 대 입지, 무엇을 선택할 것인가

식당을 시작하거나 운영하는 사람 중 상권을 분석하고 제대로 볼 줄 아는 경우는 정말 드물다. 여러 프랜차이즈를 경영하고 있는 지금도 메뉴 및 브랜드 개발에 내가 직접 관여할 수 있는 부분이 있지만 상권 분석만큼은 담당 부서를 따로 두고 직접 나서지 않는다.

내가 생각하는 좋은 상권 입지란 주거지와 오피스 타운이 섞인 곳이다. 여의도는 빌딩이 많아 평일에는 손님이 많지만 주말이면 텅 빈다. 여의도에도 주거 지역은 있지만 오피스 밀집도가 높아 웬만한 식당이 오피스 기준으로 구성돼 있다. 그래서 가족 단위로 방문했을 때 어울리지 않는 메뉴가 많은 편이다.

상권을 분석할 때는 일주일 내내 손님이 있을 만한 곳이 어디인지를 따진다. 평일에는 직장인이 많고 저녁이나 주말에는 가족이 찾기 좋은 곳일수록 괜찮은 상권이다. 비율로 따지면 오피스 이용객이 40퍼센트, 거주민이 60퍼센트 정도가 되는 지역이면 좋다. 다양한 소비층이 함께 즐길 수 있는 상권일수록 식당을 운영하는 데 유리하다. 또 괜찮은 가게가 하나둘 들어서는 것만으로도 주변 상권이 함께 살아나는 경우도 종종 있다. 실제로 나는 더본코리아의 직영 매장들을 논현동 영동시장 인근으로 한데 모아 론칭했고 주변 상권도 같이 살아나는 것을 경험했다.

입지와 더불어 당부하고 싶은 말이 있다. 바로 '권리금' 문제다. 처음에는 무조건 상권이 좋은 곳에 들어가라고 권한다. 특히 식당 창업 초보자라면 더더욱 상권이 괜찮고 권리금이 있는 곳으로 들어가라고 말한다. 일반적으로 블록이라고 부르는 상권이다. 메인 블록의 권리금이 몇억 원대라면 한 블록만 떨어져 있어도 몇천만 원대로 떨어진다. 이런 현실을 보면 여러 생각이 든다. 또 식당을 하다 보면 권리금 이외에도 이런저런 생각거리들이 괴롭히기도 한다. 문제는 많은 사람이 자신의 결정에 변명을 덧붙인다는 것이다.

'난 메뉴를 이렇게 구성하고, 이렇게 팔아야지. 그럼 손님이 좋아할 수밖에 없을 거야.'

식당을 준비하는 사람 중 경험이 부족한 사람들은 자신이 만든 음식은 맛이 좋으니 자신이 손님이라면 얼마를 내더라도 사 먹을 거라며 착각하는 실수를 범한다. 상권 문제도 마찬가지다.

'메인 상권이 좋지. 권리금으로 일억이나 투자할 바에는 한 블록 뒤로 가면 오천만 원 정도 아끼니까 그 돈으로 손님한테 고기를 좀 더 주는 게 나을 거야. 서비스를 더 하면 좋잖아. 어차피 음식 장사는 시간과의 싸움이라고 하는데 권리금을 아낀 만큼 더 잘하면 돼.'

예전에는 나도 이렇게 생각했다. 아직 식당의 위치를 정하지 않고 고민할 수 있는 상황이라면 좋은 상권을 선택해 가는 게 맞는다고 본다. 권리금이 높은 곳은 그만한 이유가 있다. 권리금을 책정하는 데 거품이 있는 것도 맞는다. 하지만 초보자일수록 권리금이 높은 곳에서 시작하면 많은 것을 배울 수 있다. 초보자라면 식당과 관련해 배울 게 무궁무진하다. 모든 것이 새롭고 정신없이 적응해야 하는 시기에 손님이 얼마나 들어올지를 걱정하고 있다면 어느 것 하나 제대로 준비하지 못할 수도 있다.

일단 좋은 상권에 터를 잡고 손님이 찾아오기 시작하면 어느 정도 가게가 알아서 돌아간다. 백 명이 들어올 수 있는 자리인데 육칠십 명만 들어올 수도 있고, 100만 원을 벌 수 있는 자리에서 70~80만 원을 벌더라도 당분간 유지는 된다. 1~2년 후에는 장사의 '흐름'을 알 수 있다. 그때에는 그동안 자신이 한 행동 중에서 바보 같았던 일들이 보이기 시작한다. 그러면 하나씩 고쳐나가면 된다. 비로소 장사를 제대로 할 수 있는 능력도 생긴다. 그렇게 장사의 '능력'이 생긴 다음에는 B급 상권에서 다시 시작해도 어느 정도 버틸 수 있다.

식당을 처음 차리고서 실패하는 대다수 이유는 권리금을 아껴 손님에게 잘해줘야겠다는 마음가짐에서 비롯한다. 현실은 그리 녹록지 않다. 식당 문을 열 때는 전혀 생각지 못한 문제들이 속출해 괴로운 마당에 매상까지 쉽사리 오르지 않아 견디기가 힘들어지곤 한다. 우선 식당은 매상이 있어야 식재료도 사고 직원도 고정적으로 고용해 쓸 수 있다. 직원이 계속 들고 나면서 사람 하나도 제대로 관리할 수 없다면 재료 관리도 어려워진다. 나아가 메뉴도 마음대로 유지하기 힘들다.

상권을 A, B, C급으로 나눠서 생각해본다면 가능한 한 평수를 줄이더라도 A급 상권을 선택하라. 그리고 직접 가게 입지 주변을 보러 다녀야 한다. 인터넷으로 정보를 찾아봐야 소용없다. 직접 발로 뛰며 눈으로 확인하면서 상권에 대해 배워두면 나중에 가게를 옮기거나 확장할 때 엄청난 역할을 할 것이다. 때로는 그렇게 발품을 팔다 보면 괜찮은 상권인데도 권리금이 낮거나 임대료가 저렴한 곳을 찾기도 한다.

상권 선택에 있어서 한 가지 더 고민할 요소는 바로 층수다. 1층이나 2층 중에서 어디를 선택하는지가 매우 중요하다. 만약 내게 넓은 평수의 2층으로 갈 것이냐, 작은 평수의 1층으로 갈 것이냐를 묻는다면 무조건 1층이라고 답할 것이다. 좋은 상권에 가게를 마련한다고 해도 접근성이 떨어진다면 손님을 끌어 모으는 데 애를 먹을 수 있다.

다시 말하지만, 식당이 버티려면 어떻게든 손님이 들어오도록 해야 한다. 다른 무엇보다 손님이 있는 게 중요하다. 어떤 조건에서 장사를 하건 일단 손님이 들어오면 식당은 버틸 수 있다. 돈도 돈이지만 손님이 없는 식당이라면 보기만 해도 기운이 빠질 수밖에 없다.

실제로 손님이 없는 매장에 가보면 직원들조차 표정을 잃고 에너지도 고갈된 상태에서 일한다. 가뜩이나 손님이 없어 힘든데 환경까지 받쳐주지 않으면 더 힘들어질 수밖에 없다. 그러니 권리금을 무서워하지 말고 괜찮은 데를 찾으라. 단 가게 자리에 투자를 많이 한 만큼 다른 부분에서 허리띠를 졸라매 지출의 균형을 맞춰야 한다. 그리고 그곳에서부터 시작해 경험을 쌓고 나서 뒷골목으로 간다면 어떤 상황에서도 버틸 여력을 키울 수 있다.

나라도 손님이 없는 곳에서 6개월을 버틸 수 있을지 상상하면 쉽게 대답하기 어렵다. 잘되는 가게가 즐비한 상권에서 시작한다고 무조건 성공하란 법도 없고, 아주 불리한 조건의 상권에서 시작한다고 모두 포기하란 법도 없다. 상권 자체가 나쁘더라도 손님들이 줄지어 찾는 가게만이 가진 강점을 찾아 분석하는 시간을 반드시 가져보길 바란다.

손님에게 각인될 상호 만들기

식당을 개업할 때 중요한 요소 중 하나가 식당 이름이다. 나처럼 수많은 이름을 만들어본 경험자도 식당 이름을 짓는 건 어렵다. 간혹 식당명이나 간판 디자인이 유행과 동떨어지는 경우도 많다. 나도 처음에는 연관성 없이 이름을 짓고, 재밌게 지어 시선을 끌려고 했다. 하지만 식당 주인이 생각한 의미가 전해지지 않으면 무슨 의미가 있겠는가. 하다못해 재미를 주고자 한 의도조차 퇴색될 수 있다.

간판은 자신이 파는 메뉴와 연관성이 있을 때 효용 가치가 있다. 만약 메뉴나 식당의 콘셉트 자체가 처음 시도하는 것이라면 더욱 메뉴와 동떨어진 이름을 지으면 안 된다. 예를 들어 주메뉴가 튀김주먹밥이라고 해서 식당 이름을 '주먹 쥐고 일어서 벌떡'이라고 지었다 치자. 식당 주인이야 메뉴가 뭔지 알고 있으니 재미있겠지만 손님 입장에서는 아무런 느낌이나 연상되는 이미지조차 없을 수 있다.

예전에는 상호를 크게 적고 그 아래에 전문 메뉴를 넣는 방식을 많이 활용했다. '가람'이 식당 이름이라면 이를 크게 쓰고 작은 글씨로 '튀김주먹밥 전문점'이라고 적는 식이다. 그러다가 메뉴를 크게 쓰고 밑에 상호를 쓰는 방식으로 바뀌기도 하고 또 간판을 바꿀 때가 되면 다시 상호를 크게 키우는 방식으로 계속 바뀐다.

손님이 상호를 바라보는 관점은 두 단계로 나뉜다. '어! 튀김 하는 집이네? 아니잖아? 에이 주먹밥이네'라고 일단 관심을 보이고는 발길을 멈추든 다시 갈 길을 가든 한다. 가게가 알려지기 전까지는 손님들이 쉽게 읽을 수 있는 단어로 만든 상호인지가 중요하다. 우동은 우동인데 역전우동이라 쓴 것은 이름이 주는 분위기가 저렴한 가격을 연상시키는 효과 때문이다.

내가 만든 프랜차이즈 중 이름을 잘못 지은 예로는 우삼겹 전문점 '본가'를 들 수 있다. 간판에는 큰 글자로 '본가'라

쓰고 '참숯구이 전문점'을 작게 적어 넣었다. 그런데 처음 오 픈 이후 한동안 손님이 들어오지 않았다. 고급스러운 분위기 의 매장에서 9000원짜리 비교적 저렴한 우삼겹을 먹을 수 있 다는 메시지를 전하고 싶었는데, 매장을 호화로운 인테리어로 꾸민 탓인지 손님이 더 들어오지 않는 것 같았다. 게다가 이름 자체도 고급 고깃집이란 인상을 준 것 같았다. 결국 '본가'를 활성화하는 데만 2년 가까운 시간이 걸렸다.

옛날에는 손님들이 10~20년 된 간판이 붙은 가게를 선 호했다. 오래된 간판을 통해 표면적으로 음식 내공을 느낄 수 있다는 것이 이유였다. 요즘은 트렌드가 바뀌어 정갈한 분위 기를 내는 간판을 선호한다.

유명한 국내 빵집 프랜차이즈도 프랑스어로 지은 상호 때문인지 간판 스타일을 여러 번 바꾸었다. 간혹 사람들은 상 호를 읽기 어려워도 간판 디자인이 예쁘기만 하면 되는 줄로 착각한다. 천만의 말씀이다. 초기에는 빵집 프랜차이즈의 상 호를 한글 발음으로 표기했다. 그러다가 한글에서 알파벳으로 바뀌었다. 상호는 바뀌었어도 로고나 탑 모양 이미지는 유지 한 덕분에 사람들이 기존의 빵집으로 인식할 수 있었다고 본 다. 이렇듯 식당 이름을 만드는 사람과 보는 사람의 시각에는 차이가 있다. 항상 그러한 차이를 염두에 두어야 한다.

내가 만들었던 '열탄일번지'도 마찬가지다. 처음부터 그 이름으로 시작한 것은 아니었다. 처음에는 상호가 '연탄일번지'였다. 고기가 맛있다고 소문이 나 장사가 잘되는 편이었는데 단점이 있었다. 연탄으로 고기를 구워내다 보니 직원이나 주위 가게로부터 항의를 심하게 받았다. 결국 고기를 구워주는 재료인 연탄을 열탄으로 교체했다. 이때 간판값을 아끼려고 '연'의 받침만 'ㄴ'에서 'ㄹ'로 바꿨다. 결과는 실패였다. 그 많던 손님이 뚝 떨어졌다. 당시에 '열탄'이 뭔지 몰랐던 고객들로서는 생소한 가게로 인식된 것이다.

'열탄일번지'라는 식당을 살리기 위해 고민에 고민을 거듭하다 김치찌개를 내보기로 했다. 그렇게 탄생한 메뉴가 '7분 돼지김치'다. 주메뉴가 바뀌다 보니 상호를 아예 바꾸기로 했고 그렇게 탄생한 프랜차이즈가 '새마을식당肉'이었다. 특이하게도 식당 콘셉트를 먼저 만들고 이름을 바꾼 케이스지만 손님은 더 늘어났다. 즉 장사하는 중간에는 가게의 이름이 중요하지 않다. 상호가 바뀌었다고 해서 손님이 늘어난 게 아니라 새로운 메뉴 덕분에 손님이 늘어난 것이다. '7분 돼지김치'라는 기발한 메뉴로 인해 손님이 늘어나면서 상호도 '새마을식당肉'으로 바꿀 수 있었다. 가게의 이름이 판매에 영향을 끼친 건 '역전우동0410'과 같은 브랜드 정도다.

'한신포차'도 처음에는 '한신'이라는 이름으로 시작했었다. 혹시 손님이 식당의 정체를 모를까 봐 '신개념의 포장마차입니다'라는 현수막도 준비했다. 하지만 개업 날에 손님이 정말 한 명도 없었다. 강남이라는 위치적 특성과 하얀 천막에 유리를 두른 가게 외관이 주는 분위기 때문에 가격이 너무 비쌀 것 같다는 느낌을 주어 손님들이 들어오지 않았던 것이다. 궁여지책으로 준비해뒀던 현수막을 부랴부랴 꺼내어 걸고 나니 그제야 손님이 들어오기 시작했다.

또 '돌배기집'이라는 차돌박이 전문점도 프랜차이즈 특유의 합리적인 가격으로 승부한다는 이미지를 내세운 케이스다. 이처럼 '내가 제일 잘해요'라고 백 번 말하는 것보다 상호와 같은 가게의 정체성을 드러내는 요소를 통해 자신의 이미지를 상품화하는 것도 장사의 성공을 앞당기는 하나의 방법이 된다.

매장인가 홀인가, 사장의 우선순위

매장을 운영하다 보면 홀과 주방 중 어느 쪽에 더 중심을 둘지에 대해 고민하게 된다. 나는 주방도 중요하지만 홀이 더 중요하다고 본다. '홍콩반점0410'을 예로 들어보자. 미국 로스앤젤레스에 '홍콩반점0410'을 론칭했을 때 내가 직접 주방에서 요리를 한 적이 있다. 당시 기억을 떠올려보면 많은 손님이 음식점에서 일하는 사람에게 예의를 갖추지 않고 말도 함부로 하곤 했다. 유독 나에게만큼은 그러지 않았는데 그건 손님들이 나를 셰프로 대했기 때문이었다.

그런데 '홍콩반점0410' 매장 중에서 매상이 자꾸 떨어지는 곳들이 하나둘 생겨나기 시작했다. 현장을 확인해보니 주로 사장이 주방에만 있는 매장들이었다. '홍콩반점0410'의 콘셉트는 '사장이 음식을 볶을 줄 알아야 한다'는 것이다. 그런데 많은 사람이 이러한 콘셉트를 오해한다. 반드시 사장이 주방에 있어야 한다는 의미는 아니다. 사장이 음식을 할 줄 알아야 주방을 관리할 수 있다는 의미인데 이를 잘못 해석해 홀에서 손님들을 응대하지 않고 주방에서 음식만 만든 것이다.

응당 음식점 사장이라면 음식을 만들 줄 알아야 한다. 하지만 사장이 있어야 할 곳은 주방이 아니라 홀이다. 간혹 손님들이 식당 직원들을 함부로 대하기도 한다. 그 때문에 마음 상하는 일도 생길 수 있다. 그런 상황을 몸소 겪으며 손님들에게 고개 숙일 줄도 알아야 손님들이 다시 식당을 찾아온다. 음식맛도 중요하고 손님을 대할 줄도 알아야 잘되는 가게로 거듭날 수 있다.

단순히 군만두 서비스 하나가 잘되는 가게와 안되는 가게를 나누지 않는다. 손님들이 괜한 기대치를 갖지 않도록 하고, 손님에게 아는 척을 하되 기본적으로 훌륭한 맛을 유지한다면 손님은 식당을 다시 찾기 마련이다. 그만큼 사장은 홀과 주방을 종횡무진하면서 더 바삐 움직여야 한다.

사장이 홀에 머물러야 한다고 하지만 주방에 대한 관심도를 늦춰서는 안 된다. 적절한 균형감을 유지해야 한다는 말이다. 메뉴 구성과 주방 구성원에게는 특히 더욱 신경을 써야 한다. 메뉴 하나를 만들 때마다 소모되는 에너지가 있다고 가정할 때 한식에서는 1인분을 만드나 4인분을 만드나 소모되는 에너지에 차이가 별로 없다. 김치찌개 1인분이든 4인분이든 상차림을 보면 네 배의 양이지만 에너지를 네 배로 들이지 않는다. 김밥 같은 메뉴는 예외다. 김밥 한 줄을 만들 때 1이라는 에너지를 쓴다면 열 줄을 만들 때 10이라는 에너지를 써야 한다. 즉 똑같은 동작을 열 번 해야 김밥 열 줄을 만들 수 있다.

　이렇게 메뉴에 따라 에너지를 많이 쓸수록 주방 구성원의 피로도는 올라간다. 따라서 피로도가 올라가는 음식을 만들어야 하는 식당이라면 주방 동선을 가능한 한 짧게 짜야 한다. 양념통, 쌀통, 냉장고, 냉동고 등을 배치할 때 직원들이 최대한 덜 움직이며 오갈 수 있도록 신경 써야 한다. 인테리어가 예쁘고 멋진 것도 중요하지만 결국 음식을 만들고 손님에게 내주는 직원들이 불편하다면 결코 좋은 매장이라 할 수 없다. 겉모습만 그럴듯한 선반 위에 양념통을 올려놓고, 쌀통은 주방 밖에 있고, 냉장고와 냉동고는 주방 옆 별도 공간에 설치했다면 직원들 피로도는 심해지고 피로가 쌓인 직원은 금세 그만둘 것이다.

　식당을 잘 운영하려면 눈에 보이지 않는 스트레스를 줄이는 게 정말 중요하다. 무엇보다 주방 인력의 피로도를 잘 관리해야 한다. 우선 주방 규모를 작게 잡는다. 동선을 짧게 설계하되 모든 기물을 손쉽게 다룰 수 있도록 구성하는 게 가장 좋다. 최적의 환경이 마련되면 필요한 식재료만 그때그때 주문해서 쓸 수 있으므로 식자재 관리까지 해결할 수 있다.

일반적으로 인테리어를 시작할 때 매장 면적의 3분의 1을 주방으로 할애하는 편이다. 그러다 막상 공사에 들어가면 테이블을 하나라도 더 놓기 위해 주방 면적을 줄이곤 한다. 나도 주방 면적을 줄이는 데는 동의하지만 이유는 다른 데 있다. 주방의 면적을 최소한으로 설계했다면 나머지 공간에서 스트레스로 지친 직원들을 위한 별도의 휴식 공간을 확보해야 한다. 그곳은 화려한 인테리어보다 직원이 앉아 쉴 수 있는 의자, 장화를 말릴 공간, 옷을 넣을 수 있는 캐비닛 등 필요한 것들로만 채우면 된다. 주방에서 일하는 사람이 카운터까지 나와 전화를 하거나 옷을 갈아입기 위해 홀까지 나온다거나 화장실을 가는 모습 등이 그대로 손님에게 노출된다면 직원도 불편하고 손님도 좋은 인상을 받을 리 없다.

젖은 장화를 말리거나 지친 몸을 쉴 수 있는 공간은 여러모로 중요하다. 근무 환경이 좋으면 계속 일하고 싶고 자신들을 위한 사장의 배려에 고마움까지 느낄 것이다. 만약 기존 식당 자리를 인수했다면 주방 공간을 나눠 직원들이 개인 용무를 보고 식자재를 주문하는 사무 공간으로 만들면 된다. 단 창고를 만드는 것은 절대 금물이다. 잡다한 물건들을 쌓아두는 창고는 결국 쓰임새를 잃어버리게 된다.

　매장 인테리어를 어떻게 하느냐에 따라서도 가게의 매상이 달라진다. 먼저 자신이 팔 메뉴를 고려해 테이블 간격을 정하는 것이 좋다. 보통 테이블마다 간격을 일정하게 유지하곤 한다. 내가 경험한 바로는 음식점마다 테이블 간격도 달라야 한다. 고깃집, 호프집, 중국집, 분식집, 국숫집 등 메뉴별로 홀 서빙 방식이 다르기 때문이다.

　두세 명의 손님이 와서 주문을 했다 치자. 손님에게 내갈 음식을 쟁반 하나로 서빙할 수 있는지, 아니면 두세 번 반복해서 서빙을 해야 하는지 계산해봐야 한다. 짜장면, 짬뽕, 냉면 같은 면류는 메뉴당 한 번 내지 두 번 안에 서빙할 수 있어야 한다. 고깃집이라면 손님이 앉자마자 물을 내오고 숯불, 상차림용 음식, 고기까지 최소 네 번 이상 서빙을 해야 한다. 이게 끝이 아니다. 식사가 끝날 때까지 중간중간 상추, 술, 불판 등 손님들의 추가 요구가 이어진다. 또 테이블 좌우측에서 돌아가며 고기를 잘라주기도 해야 하므로 서빙하는 직원이 손님과 부딪치지 않도록 공간이 넉넉해야 한다.

　테이블을 다닥다닥 붙여놓으면 좀 더 많은 손님을 받을 수 있겠지만 음식을 놓거나 손님이 움직일 때 매번 모든 사람이 일어나야 하는 상황이 벌어지기도 한다. 그러면 당연히 손님의 만족도가 떨어질 수밖에 없다. 직원들 역시 일의 강도가 셀수록 스트레스가 쌓이니 그만두고 싶은 마음도 커진다.

사장이라면 직원들이 일하기 편한 동선을 최우선으로 확보해 인건비를 절약하면서 소비자의 만족도도 높일 수 있도록 매장 전체 배치를 고민해야 한다. 나도 매장을 열 때마다 동선에 대해서만큼은 수없이 고민한다. '돌배기집'은 소고기 차돌박이 전문점이면서도 각종 밑반찬 및 채소를 손님이 마음껏 가져다 먹을 수 있어 만족도가 높은 프랜차이즈다. 매장에 샐러드바를 설치하니 여느 고깃집과 차별화도 되면서 직원들의 서빙 횟수도 현저하게 줄어 매장의 운영에도 도움이 됐다. 손님에게는 편리함과 만족감을 주는 동시에 점주는 인건비를 줄이는 일석이조의 방법이다.

처음에는 손님들이 채소를 마음껏 가져다 먹도록 하기 위해 효율적인 인테리어를 고민했다. 고깃집을 열 때 홀 직원이 자주 머무는 공간 근처에 준비대를 만들고 자주 사용되는 집기를 모아놓으면 동선이 한결 짧아진다. 주류 주문이 많은 주점 형태의 식당이라면 직원이 머물 수 있는 위치를 홀 중간에 배치하고 주류 냉장고도 가까운 곳에 둘수록 서빙을 하는

데 유리하다.

비빔밥 전문 프랜차이즈 '백's 비빔밥' 매장은 간단한 식사를 하더라도 깨끗하고 세련된 분위기에서 먹자는 콘셉트에 따라 인테리어를 했다. 소비자는 자신이 상상하는 가게 정체성과 분위기를 기대하며 매장을 찾는다. 음식만 무조건 맛있으면 되고 인테리어는 내공을 느낄 수 있는 분위기를 내는 게 인기였다가, 요즘에는 소비자의 눈높이에 맞는 인테리어를 갖추는 게 만족도와 직결된다. 맛도 좋고, 가격은 중저가면서 편안하고 깨끗하고 깔끔한 실내가 기본이다.

그러다 보니 전에는 홀만 신경 쓰면 됐던 인테리어 방식도 주방까지 신경을 써야 한다. 세련된 색감으로 만든 위생적인 주방 용품들, 주방의 타일이나 선반 조명도 깔끔하면서도 하나의 통일된 분위기를 연출해야 한다. 또 완전 오픈형으로 하기보다 유니폼과 모자를 착용한 직원의 모습만 언뜻언뜻 보이도록 선반으로 가리는 형태가 좋다. 주방이 너무 훤히 들여다보이면 조리도구가 정리되지 않은 모습이나 식자재가 그대로 노출돼 손님의 식욕을 떨어뜨릴 수 있다.

소품을 이용하는 인테리어도 중요하다. 개인 매장이라면 작은 소품 몇 개만을 활용해도 멋스러운 매장을 만들 수 있다.

메뉴도 자유로운 손글씨를 활용해 멋스럽게 만들면 전문 업체의 비싼 사진을 활용한 메뉴판보다 손님들에게 친근하게 다가가 자연스러운 미감을 보일 수 있다. 자기만의 개성을 적극적으로 살린 방식으로 꾸미는 것도 좋은 방법이다.

개인 매장과 달리 프랜차이즈는 맛만으로 승부를 볼 수 없다. 손님들은 대중적이고 검증된 맛과 가격 대비 높은 만족도, 깨끗하고 산뜻한 실내 분위기 등을 기대하며 프랜차이즈를 찾는다. 따라서 메뉴를 쉽게 이해할 수 있고 편하게 먹을 수 있는 이미지로 음식에 대한 신뢰도를 올릴 수 있어야 한다.

개인 매장이든, 프랜차이즈 매장이든 메뉴에 담긴 스토리텔링 요소를 메뉴 한쪽에 적어 넣으면 손님에게 훨씬 더 높은 공감대를 불러일으킬 수 있다. 주인이라면 자신의 식당에서 제공하는 메뉴의 장점, 독특함과 차별화를 어떻게 풀어나갈 것인지를 끊임없이 고민해야 한다.

함부로 바꾸면 독이 되는 원칙

영업 시간

매장을 얻을 때, 이미 기본적인 상권 조사를 했어도 막상 가게를 열고 나면 도대체 몇 시에 문을 열고 몇 시에 닫을지를 놓고 고민하게 된다. 가급적 현재 자신의 가게가 속한 상권의 특성에 맞게 영업 시간을 조정하는 것이 좋다. 그리고 주변 가게의 영업 시간을 참조해, 일주일 정도 식당을 열고 닫는 시간을 테스트하는 것이 좋다.

예를 들어 영업 시간을 오전 11시부터 오후 10시까지로 정했다면, 한 번은 오전 11시부터 오후 12시까지, 다른 한 번은 오전 10시부터 오후 11시까지 등으로 테스트를 해본다. 미리 정한 영업 시간에서 한 시간 전에 문을 열어보고, 한두 시간 지나 문을 닫으면서 손님이 언제 주로 가게에 오는지 파악하고 가장 적당한 시간대를 찾는 것도 방법이다.

영업 시간이 정해졌다면 개인 사정이 있더라도 임의로 문 닫는 것은 금물이다. 식당은 모름지기 고객과의 약속, 신뢰를 바탕으로 장사를 해야 한다. 그 첫걸음이 바로 영업 시간 준수다. 물론 계절별로 특성에 맞게 영업 시간을 달리하는 것은 고려해볼 만하다. 메뉴에 따라 여름이나 겨울에 좀 더 오래 열어두는 것도 방법이다.

만약 가족끼리 운영하는 소규모 매장이라면, 한 달에 두 번 정도 정기휴무일을 정해 쉬는 것을 권한다. 피로가 쌓이면 소비자에게도 그만큼 좋지 않은 서비스를 제공하게 되므로 나쁜 이미지를 줄 수밖에 없다.

정기휴무일을 '첫째·셋째 주 수요일'처럼 평일로 정하는 것은 피하라. 손님들은 가게 휴무일을 일부러 기억하거나 메모해두지 않는다. 정기휴무일도 주변 가게와 같이 맞춰 쉬는 게 좋다. 다른 가게들이 모두 쉬는데 우리 가게만 열려 있다면 손님들은 이미 인근 가게들이 모두 문을 닫는 날로 인식하기 때문에 유동 인구가 적을 수밖에 없다. 반대로 주변의 다른 가게가 다 문을 열었는데 우리 가게만 쉴 때도 마찬가지로 우리 가게의 손님을 잃을 수 있다.

재고 관리

처음 창업할 때는 주방이 크고 재료가 항상 준비돼 있어야 한다는 생각에 저장고를 만들거나 냉장고를 몇 대씩 사는 경우가 많다. 나도 주로 주방에서 일하는 사람이어서 그런지 주방의 규모를 식당 전체 크기의 3분의 1 이상 잡아야 이상적이라고 생각했었다. 실제로 식당을 개업했을 때 꿈에 그리던 주방을 만들었다. 큰 주방에 저장고 역시 대단한 크기로 구비했다. 그런데 크기가 너무 컸던 탓인지 개업하고 한 달이 지나도록 저장고는 차지 않았다. 그런데 6개월쯤 지나고 나자 그 크던 저장고가 꽉 차더니 급기야 공간이 부족해지기에 이르렀다. 그래도 재료가 가득 들어찬 저장고를 보고 있자니 마음이 든든했다.

과연 옳은 선택이었을까? 결론부터 말하자면 저장고에 넣어두는 재료량은 하루 장사를 하는 데 필요한 양의 1.5배가 가장 적당하다. 하지만 대량으로 한꺼번에 구입하면 저렴한 가격으로 식재료를 살 수 있다는 생각에 저장고를 자꾸 키운다. 식재료를 저렴하게 사면 경제적이라 생각되겠지만 쌓아둘수록 오히려 독이 된다.

지금이야 식당 운영에 있어서 효율성을 최우선으로 강조하지만 나도 음식을 직접 만들면서 식당 규모도 키워나가던 초창기에는 워크인 냉장고부터 설치했다. 워크인 냉장고는 사람이 문을 열고 들어가서 움직일 수 있는 정도가 되는 냉장고를 가리킨다. 하지만 냉장고의 크기 역시 식당을 운영하면서 경계해야 할 보상 심리 중 하나다. 식당이 자리를 잡고 입소문이 나기 시작하면 '나 이렇게 대단한 사람이다'라며 거들먹거리고 싶어 하는 마음을 먹는 사람들이 있다.

한번은 프랜차이즈의 수익성이 얼마나 되는지 따져보기 위해 매상 분석을 해봤다. 같은 수량의 음식을 팔아도 분점에서는 일정 금액이 남는데, 오히려 직영 매장에서는 적자가 나고 있었다. 이런저런 원인을 분석하고 생각하다가 혹시 재고 관리에 문제가 있는 것은 아닌지 궁금했다. 매장에 들러 워크인 냉장고 문을 열어보는 순간, 실로 충격을 받았다. 어마어마하게 큰 냉장실에 식자재들이 가득 들어차 있었던 것이다.

그 즉시 직원들을 모두 불러 모아 식자재를 하나하나 확인하면서 재고 조사를 실시했다. 그 결과 말도 안 되는 사실이 밝혀졌다. 워크인 냉장고 안에 들어 있는 재료 가운데 3분의 1은 가게가 돌아가는 데 전혀 필요 없는 것들이었다. 나머지도 대부분 한 달 후에나 쓸 것들이었다. 악순환이 반복될 수밖에 없는 구조였던 것이다.

냉장고에 들어가 있는 식재료들은 모두 재고다. 당시 냉장고 안에서 썩고 있던 재고만 해도 800만 원어치가 넘었다. 냉장고가 커 재고를 쌓아둔 것도 문제지만, 그로 인해 음식의 수준이 떨어지는 것이 더 문제다. 음식을 만들 때는 신선한 재료를 써야 하는데 재고가 쌓이다 보니 오래된 식재료부터 사용하게 되고 그러면 당연히 맛이 떨어진다. 하지만 주방에서 일하는 사람들은 대부분 재료를 넉넉하게 사놓는 습관에 젖어 있었다.

식당을 운영하는 사람이라면 재고 손실이 많이 나는 메뉴를 찾아 개선하기 위해 늘 고민해야 한다. 손님에게 나가기 전까지 준비해두는 음식은 양념에 따라, 냉장 또는 냉동 보관이 가능한지에 따라 달라진다. 가령 고추장 양념이 들어간 음식은 냉동하면 안 된다. 약간의 밑간이 된 재료는 며칠 정도 보관이 가능하다. 하지만 파, 마늘이 들어갔다면 쉽게 상한다. 고추장까지 들어가면 빨리 산화돼 더 쉽게 상한다. 양념 음식은 쉽게 상할 수 있으므로 숙성보다는 짧게 보관하는 것이 좋다. 이런 정보들을 알고 있어야 재고 손실도 막을 수 있다.

식재료의 특성을 연구하고 공부해야 먹는 장사로 성공할 수 있다. 메뉴를 정한 후에는 조리 과정마다 재고를 원활하게 관리하고 손실 없이 쉽게 다룰 수 있는지도 반드시 연구해야 한다. 양념의 순서만 바꿔도 재고 관리를 훨씬 쉽게 할 수 있다. 나도 메뉴를 쉰 가지 정도 만들고 나면 재고 관리를 고민하며 마흔 가지 이상의 메뉴를 탈락시킨다.

매일 같은 양의 음식이 팔리면 걱정이 없다. 똑같은 양의 재료를 준비해 팔면 그만이다. 누가 먹어도 맛있는 닭갈비를 개발했다고 생각해보자. 어제는 만석이었는데, 오늘은 열 명도 안 되고 내일은 고작 다섯 명밖에 오지 않을 수도 있다. 닭갈비는 메뉴의 특성상 하루 정도 숙성해야 하니 오늘 팔 양을 준비했다가 하루 이틀 사이에 팔리지 않으면 냉장고에서 냉동실로 옮겨 보관할 수밖에 없다. 하지만 닭은 한번 얼렸다 녹이면 그 맛이 달라진다. 그리고 손님은 닭의 달라진 맛을 단번에 알아차린다.

식재료가 많을 때 발생하는 문제는 또 있다. 식재료를 아낄 생각을 하지 않는다는 것이다. 집에서 요리할 때를 생각해보라. 양파가 넉넉하다면 양파 껍질을 깔 때도 대충 벗겨낸다. 하지만 양파가 딱 한 개 남아 있다면 어떨까? 정말 한 꺼풀이라도 더 남기려고 조심스럽게 깔 것이다. 바로 이 차이다.

저장고에 식재료가 쌓여 있으면 웬만해선 재료를 아끼지 않는다. 양파가 하루에 한 망이 필요해서 깔 때와 양파 서른 망이 이미 저장고에 있는 상태에서 깔 때의 마음가짐은 확연히 다르다. 실제로 양파를 깔 때에도 식재료가 충분하다면 대충대충하기 일쑤다. 그러다 보니 멀쩡한 식재료를 버리는 양이 많아진다. 특히 자신이 직접 요리를 하지 않고 주방장을 따로 둔다면 더 신경을 써야 한다.

먹는 장사를 하면서 이윤을 남기려면 식재료를 아껴야 한다. 사장이 아무 생각도 없이 직원들에게 아끼라고 강조하기만 하면 음식 맛이 달라질 수밖에 없다. 돈이 많이 드니 적게 쓰고, 다시 쓰고, 나쁜 걸 쓰다 보면 음식 맛이 제대로 날 리가 없다. 그래서 나는 식당을 하는 사람들에게 되도록 저장고를 버리라고 말한다.

가게에 저장고가 있다면 지금 당장 열어보라. 불필요한 재료들로 가득 차 있지는 않은지 점검하고 늘 하루 필요량의 1.5배 수준을 유지하도록 신경을 쓰자. 식재료를 낭비 없이 적당한 수준으로 쌓아두려면 매일매일 구입하고 손질해 사용하는 것이 가장 이상적이다. 그러면 식재료 손실도 적고 맛도 좋은 신선한 요리를 만들 수 있다. 너무 풍족하면 아끼려는 마음이 들지 않는다는 것을 기억하자.

메뉴 변경

'백's 비빔밥'이 대형마트에 입점했을 때다. 당시 담당 본부장은 매상을 더 올리고 싶어 했다. 그는 회심의 카드로 해당 매장에서 계란찜을 추가한 세트 메뉴를 만들어 가격을 올리면 어떻겠냐고 제안했다. 메뉴가 많을수록 좋다고 생각한 마트 측에서는 비빔밥을 먹지 않는 손님들을 위해 된장찌개와 순두부찌개를 추가하자고 맞장구를 쳤다. 언뜻 보기에 같은 한식이니 나쁘지 않은 조합으로 보인다. 결과적으로 하루 10만 원 정도 매상이 올랐다. 과연 메뉴 추가는 옳은 선택이었을까?

주방의 모습을 한번 상상해보자. 주방에서는 비빔밥을 담다가 계란찜을 조리하러 가는 동선이 나와야 한다. 비빔밥을 내오기까지는 3분이면 된다. 반면 계란찜을 전자레인지로 만드는 데 6분이 걸린다. 만약 전자레인지에 다른 계란찜이 들어가 있으면 조리가 끝나기를 기다렸다가 넣어야 한다.

그런데 계란찜을 전자레인지에 넣고 나서 1분도 지나지 않았는데 계란찜 주문이 추가로 들어온다. 이쯤 되면 짜증이 날 수밖에 없다. 주문과 서빙이 밀리지 않도록 전자레인지를 세 대로 늘렸다. 그럼 문제가 해결됐을까? 만약 전자레인지 세 대에 모두 계란찜을 넣었는데, 네 번째 주문이 들어오면 어떻게 할까? 전자레인지 숫자를 얼마나 더 늘려야 할까? 전자레인지를 늘린다고 해도 완벽하게 해결되는 것은 없다. 주문은 계속 엇박자로 들어올 수밖에 없다.

먹는 장사를 할 때 주방에서의 동선은 가장 중요한 요소다. 메뉴를 늘려 매상을 올리는 것이 중요한지, 아니면 매상이 좀 낮더라도 조리하는 사람의 스트레스를 줄이는 게 맞는지 판단해야 한다. 주방이나 홀에서 일하는 종업원들은 웬만해선 힘들어서 일을 못 하겠다고 말하지 않는다. 그런데 그들도 사람이기 때문에 일하면서 슬금슬금 올라오는 짜증을 참지 못한다. 사장이라면 눈에 보이지 않는 부분까지 세심하게 챙길 줄 알아야 한다.

한두 번 서빙하면 끝날 일이 서너 번으로 늘어나면 스트레스가 쌓인다. 스트레스가 왜 문제가 될까? 이직률과 곧바로 연결되기 때문이다. 종업원들의 스트레스를 줄여야 오래 근무하는 식당이 된다. 물론 아무리 좋은 직장이라도 더 많은 월급을 주는 곳이 있으면 옮기겠지만 사람은 본능적으로 스트레스가 없는 편안한 곳을 원한다. 장사가 잘돼 매상이 오른다면 그만큼 직원들이 고생을 하고 있다는 의미이기도 하다. 사장이라면 그에 따른 스트레스를 줄일 수 있도록 노력해야 한다.

스트레스를 줄이는 가장 확실한 방법은 메뉴의 단순화다. 주메뉴 100개를 팔면 수익이 나지만 200개를 팔아야 수익이 나도록 마진을 줄이면 500개도 팔 수 있을 거라고 확신한다. 하지만 200개를 팔 때 필요한 인원의 세 배가 더 필요하면 타산이 맞지 않는다. 200개를 팔 때의 인원에 약간의 충원만으로도 500개를 팔 수 있도록 단순화된 시스템을 만들어야 한다.

이러한 시스템은 확고한 신념을 기반으로 만들어진다. 메뉴 수를 줄이면 소비자가 원하는 다양한 메뉴가 갖춰져 있지 않으므로 초반에는 확실히 손님이 줄 수밖에 없다. 모든 경우의 수까지 명확하게 머릿속에 넣은 상태로 시스템을 만들어야 한다. 그 과정이 즐거울 수는 없겠지만 치밀한 계산을 거쳐 모든 경우를 예상해 갖춘 시스템이라는 확신을 가지고 추진하는 용기가 필요하다. 그 연장선상에서 요즘 프랜차이즈를 만들 때 가장 고민하는 것이 있다.

'어떻게 하면 주방 인원의 스트레스를 최대한 줄일까?'

주방에서 일해보지 않은 사람은 절대 느낄 수 없는 스트레스, 정작 주방에서 일하고 있어도 스트레스라고 느끼지 못하는 스트레스가 자꾸 동선을 꼬이게 만든다. 종업원들은 한

번 동선이 엉킨다고 해서 "사장님 저 스트레스 받아서 정말 일 못 하겠습니다"라고 말하지 않는다. 그 정도로 동선은 일하는 직원 본인도 눈치채지 못하는 스트레스다.

매상이 10만 원일 때 1이라는 에너지를 쓴다면 100만 원일 때는 매상이 열 배 올랐으니 에너지도 10이 필요할까? 100만 원을 팔 때는 6이나 7, 아니 3~4 정도 쓰면 충분하도록 가게의 배치나 동선을 확보해야 한다. 다시 말해 많이 팔면서도 에너지는 점점 덜 쓰는 구조가 돼야 한다. 만약 매상이 10만 원일 때 몸의 에너지나 동선이 1이고 주방 인력이나 홀 인력이 한 명인데, 매상이 100만 원으로 늘었다고 해서 10의 에너지와 열 명의 인원이 필요하다면 그것은 실패한 메뉴다.

손님만큼 중요한 직원 관리

식당을 운영하다 보면 직원 관리만큼 어려운 일도 없을 것이다. 사장인 나는 직원에게 잘해준다고 생각했는데, 석 달이 멀다 하고 그만두는 모습을 보면 답답하기 그지없다. 도대체 직원을 관리하는 데 비법이 있긴 할까? 나 역시 뾰족한 비법이 있는 것은 아니다. 다만 지금까지 경험으로 보건대 마음의 문을 열고 대화하는 것이 가장 좋다. 자신의 개인적인 문제를 밖으로 드러내는 것은 어지간한 믿음이 바탕이 되지 않으면 어려운 일이다.

내 나름대로 찾아낸 방법을 소개하자면 직원들과 관계를 잘 유지하기 위해서는 수다를 많이 떨어야 하다. 직원들과 대화를 나눌 때는 사장이라는 위치에서 지시를 하는 게 아니라 직원의 입장에서 생각하고 눈높이를 맞추어 대화를 시도해야 한다. 사장으로서 보니 당신의 이런 점이 잘못됐다는 식으로 대화를 시작하면 절대 좋은 결과를 얻을 수 없다.

사장은 자신을 내려놓고 오락부장이 되고 친척이 되고 친구가 돼야 한다. 직원들이 즐겁게 일하도록 환경을 만들어주고 직원의 걱정을 내 일처럼 같이 고민해주며 친구처럼 진심으로 기쁨을 나눌 수 있어야 한다. 직원들이 사장과 대화를 나누는 시간을 피하지 않고 거리낌 없이 받아들일 수 있어야 한다.

또 하나, 식당에서 해야 하는 모든 일을 규칙으로 정하지 말아야 한다. 나는 점주들에게 간식, 보너스, 휴무 등을 제공하면서 규칙으로 정하지 말라고 한다. 특히 직원들에게 간식을 사 먹으라며 돈을 주는 것은 금물이다. 간식을 살 때 뭘 먹고 싶은지 물어보고 나서 직접 사주는 게 좋다. 간식을 사다주는 사장에게 직원들은 감사하다고 말하겠지만 그것은 어쩌면 사장을 안쓰럽게 여기는 것일지 모른다. 결코 간식으로 직원들의 마음을 얻겠다고 생각해선 안 된다.

간혹 사장들은 자신이 직원들로부터 존경받는 게 좋다고 생각하는데 그건 착각이다. 절대로 그런 생각을 품지 말라. 사장은 존경을 받으려고 해선 안 된다. 부모처럼 행동하고 부모처럼 책임져주면서 진심으로 직원을 대할 때 그들도 자발적으로 사장을 따른다.

'사장인데 내가 왜 청소를 해.'
'손님한테 인사는 직원이 해야지.'

사장이라는 자리에 취해 목을 빳빳하게 세우고 직원을 대하는 사장은 망하기 딱 좋다. 대다수 직원은 사장한테서 잔소리를 들으면 당연히 앞에서는 "네" 하고 크게 대답한다. 그런 대답 소리만 들으면 모두가 잘하고 있다고 느낄 것이다. 하지만 막상 손님이 들어왔을 때 내가 90도로 깍듯이 인사를 하지 않으면 잔소리는 아무 쓸모없는 공허한 외침이 되고 만다.

　나는 식당을 운영하면서 항상 몸소 행동으로 보였다. 직원들에게 청소하라고 잔소리를 하는 대신 직접 청소하고, 손님이 들어오면 먼저 나서서 "어서오세요!" 하고 인사했다. 식당 서비스에서 반드시 필요하다고 생각되는 부분이 있으면 말로 지시하거나 규칙을 정하기 전에 사장이 먼저 나서서 행동하면 된다. 그러면 자연스럽게 직원들도 따르게 돼 있다.

　직원들의 행동이나 서비스 상태가 마음에 꼭 들지 않을 수도 있다. 누구나 평소 익숙하지 않은 행동을 하려면 처음엔 낯설기 마련이다. 하지만 쭈뼛쭈뼛거리면서도 하나둘 실천하다 보면 서서히 몸에 익숙해지고 나중에는 누가 시키지 않아도 저절로 하게 된다.

　사장이 직원들의 친구이자 부모이자 오락부장과도 같은 존재가 되는 것도 중요하지만, 무엇보다 직원들로부터 인정을 받아야 한다. 성실, 실력, 노력 등 어떤 면으로든 직원보다 한 발 앞서 노력하는 모습을 보여야 한다. 사장이 먼저 나서서 일하지 않는데, 직원이 식당을 위해서 사장보다 열심히 일하기를 기대하는 것은 어불성설이다. 사장이 모든 일에 앞장서서 일하고 책임져야, 자신과 식당의 미래를 좀 더 긍정적인 모습으로 바꿀 수 있을 것이다.

하물며 직원에게 사장과 똑같은 마음가짐을 요구할 수는 없는 노릇이다. 내가 아닌 다른 사람을 자신의 마음에 쏙 드는 직원으로 만드는 것도 사실상 불가능하다. 누가 봐도 훌륭한 직원은 억지로 만들어지지도 않지만 설령 사장의 노력 끝에 직원의 마음을 돌렸다고 해도 그런 완벽한 사람은 자의든 타의든 식당을 그만두고 나갈 확률이 높다. 그래서 자신의 마음에 100퍼센트 드는 사람보다는 80퍼센트 정도 마음에 드는 사람이 낫다. 약간의 부족함은 사장인 자신이 덮어줄 수 있을 때 오히려 즐겁게 일할 수 있다고 생각하면 된다.

지금까지 솔선수범하는 사장, 그를 지켜보며 자연스럽게 따르는 직원의 관계를 강조했지만, 누구나 부족함이 있다는 것을 인정하면 된다. 직원은 사장이 아닌 만큼, 그리고 자신의 가게가 아닌 만큼 절대 사장의 마인드로 일할 수 없다. 그런 사람이 있다면 사장이지 직원이 아니다. 만약 사장처럼 일하는 직원이 있다고 해서 그에 상응하는 보상을 해주겠다고 생각해서도 안 된다. 보상 심리에 익숙해지면 오히려 욕심만 늘어날 뿐 별로 도움이 되지 않는다. 그보다는 차라리 직원의 부족함을 사장인 자신이 채운다고 생각하고 몸소 움직이는 게 낫다.

인사도 마찬가지다. 사장이 90도로 인사한다고 해서 모든 직원이 따라 하지는 않을 것이다. 직원들이 45도로 인사만 해도 만족할 줄 알아야 한다. 나머지 45도만큼 자신이 인사하면 된다. 직원들이 100퍼센트 완벽하게 서비스하도록 교육시키겠다고 해봐야 기회 비용만 엄청 늘어날 뿐이다.

직원들의 서비스 질이 좋은 매장들을 보면 '팁'이라는 문화를 활용하는 곳이 종종 있다. 우리나라에서는 음식을 먹은 손님이 식당 직원에게 팁을 주는 문화가 익숙지 않지만 일하는 사람 입장에서는 더 열심히 일하고 싶어지게 만드는 당근과도 같은 존재다. 미국은 팁 문화가 잘 발달돼 있어서 팁을 받기 위해 열심히 일하는 사람들이 많다. 심지어 팁으로 월급보다 더 많이 벌기도 한다. 사장이 직원들을 위해 억지로 만든 보상보다는 이처럼 자연스럽게 직원들을 독려할 수 있는 문화가 정착되는 것도 좋다고 생각한다.

만약 손님에게 친절한 서비스를 제공하는 직원을 원한다면 직원이 그만한 대가를 받을 수 있도록 사장이 힘쓰는 방법밖에 없다. 그게 귀찮고 싫으면 채워지지 않는 빈 공간을 사장이 채우는 게 최선이다. 자신이 가서 인사하고 식사를 마친 손님 테이블에 남은 빈 접시를 치우면 된다. 단순히 사장이 솔선수범한다고 해서 직원이 마음을 움직여 스스로 따라 할 거라는 말은 흘러간 옛이야기일 뿐이다.

끝까지 남는 사람은 직원이 아니라 사장

식당을 운영한다면 사장이 제일 먼저 출근해 문을 열고 제일 늦게까지 남아 문을 닫아야 한다. 그게 진정한 주인의 자세다. 처음 식당 문을 열었을 때 본 홀은 정말 낯설었다. 다른 사람이 운영하던 식당을 인수해서 쌈밥집을 열긴 했는데, 손님한테 말을 거는 게 어렵고 손님이 말을 걸어오면 더더욱 어떻게 해야 할지 몰랐다. 그래서 식당을 인수할 때 홀 경험이 있는 사람들도 남아주길 바랐다. 다행히 한두 명이 계속 남아줬다. 그중에는 영업력이 대단한 A 아주머니가 계셨다. 반면 진심으로 그만뒀으면 하는 아주머니도 있었다.

A 아주머니는 손님들도 인정하고 모르는 사람이 없을 정도였다. 심지어 단골손님 옆에 앉아 소주도 한잔 마실 정도로 손님들을 친밀하게 대하며 일했다. A 아주머니가 있으면

가게 매상이 오르는 게 눈에 보일 정도였다. 그런데 한 달이 지나고 보니 도저히 A 아주머니와 계속 일할 수 없겠다는 생각이 들었다. 매일 가게를 오가면서 A 아주머니가 가게에 도움이 될지 안 될지 계속 생각해봤다. 결국 장기적으로 봤을 때 좋지 않은 영향을 미칠 거라고 결론을 내렸다. 손님 테이블에 같이 앉아서 술을 마시는 것도 썩 좋아 보이지 않았다. 술잔을 같이 기울이는 단골들이야 좋겠지만 다른 손님에게는 나쁘게 보일 거란 생각이 들었다.

매상만 중요하게 생각하는 사장이었다면 매일매일 오르는 매상에 만족했을 것이다. 사장이라면 가장 경계해야 하는 일이 역산이다. 이번 달 월세, 인건비 등등 빠져나갈 돈을 매일 계산해 30일로 나누어 하루 매상을 따지는 것을 말한다. 절대로 이런 계산을 하면 안 된다. 특히 하루하루 매상이 얼마인지 계산하는 행동은 더더욱 해서는 안 된다.

하루에 벌어야 할 돈이 100만 원이라고 할 때 어떤 날에는 점심 장사로 70만 원을 벌어 기분이 좋았다가 저녁 장사로 30만 원도 못 번 것을 확인하면 얼굴에 다 드러날 수밖에 없다. 식당 매상은 저녁 때 단체손님을 받아 갑자기 좋아지기도 하고 오늘은 괜찮았어도 내일이나 모레 형편없어지기도 한다.

가게의 매상을 제대로 분석하려면 매일매일 계산하는 습관을 버려야 한다.

쌈밥집을 운영하고서 한 달쯤 지나자 가게가 돌아가는 흐름이 보이기 시작했다. 내가 인수하기 전에도 A 아주머니의 행동은 다르지 않았다. 전 사장도 A 아주머니의 행동을 좋게 보아 넘기며 가게를 등한시하다 결국 팔아넘긴 것이다.

그저 단골을 주무르는 듯한 A 아주머니가 돈을 잘 벌어준다고 생각할 수도 있다. 하지만 조금만 자세히 들여다보면 식당에 오는 새로운 손님을 모두 쫓아내고 있었다. 하루는 조용히 A 아주머니를 불러 사정을 이야기했더니 미련 없이 그만두고 바로 옆 가게로 옮겨갔다. 물론 이건 예시일 뿐이다. 그래도 A 아주머니와 일하는 한 달 동안 내가 무엇을 해야 할지 확실히 배웠다. 손님에게 필요 이상으로 허리를 굽히지 않아도 되지만 아는 척은 꼭 해야 한다는 것.

간혹 직원 중에도 아무런 생각 없이 일하는 사람이 있다. 사장 입장에서는 그런 직원을 보면 어떻게 해야 할지 참 난감하다. 그만두게 하자니 욕을 먹을 거 같고 그렇다고 데리고 있자니 속이 터질 뿐이다. 그런데 과연 아무 생각 없이 일하는 사람이 있을까? 우리 가게 직원이 그렇게 보인다면 그건 사장

탓이다.

직원은 가르쳐야 할 대상이 아니라 각자의 흐름에 맞춰 같이 움직이는 파트너다. 다만 개인마다 지닌 속도에 빠름과 느림의 차이가 있을 뿐이다. 사장이 몸소 움직이며 가게만의 흐름을 만들면 직원은 그 흐름에 따른다. 대단히 유능한 직원을 뽑아 믿고 맡기며 같이 가게를 운영하려 애쓰기보다는 평범하지만 성실한 직원을 뽑아 자신을 흉내 내게 만드는 게 훨씬 효과적이다.

또 하나 당부하고 싶은 점이 있다. 직원에게 너무 정을 주지 말라는 것이다. 가족도 평생을 함께하는 것이 어려운데 계약 관계로 만난 직원이라면 더욱 어렵다. 대부분 2~3년 후에 식당을 나갈 거라고 생각해야 상처를 덜 받는다. 사장의 마음에 들고 서로 호흡이 맞는 직원이 평생 같이하면 좋겠지만 현실에서는 거의 불가능하다.

우리 회사에는 초창기부터 지금까지도 다니는 직원들이 있다. 회사가 지금과 같은 규모로 성장할 수 있었던 건 모두 그들 덕분이다. 처음에는 가게를 더 키울 생각이 없었는데, 힘들 때마다 직원들과 술 한잔 마시며 내 꿈을 말하다 보니 어느새 여기까지 오게 됐다. 젊은 친구들과 함께하려면 그들에게 꿈을 보여줘야 한다. 내 꿈과 그들의 꿈이 통하면 함께 오래 일할 수 있다. 내 꿈은 처음부터 외식 사업가가 아니라 식당으로 돈을 버는 것이었다. 하지만 꿈을 말하다 보니 더 큰 비전을 보여줘야 했고 그러다 보니 가게도 인수하기 시작한 것이다.

직원들 사이에 믿음이 생기고 나 역시 내 꿈을 말로 꺼내다 보니 어느 순간 나는 외식업계의 큰사람이 되는 꿈을 꾸고 있었다. 직원들과 소통하며 희망적인 말을 많이 하면서 가게가 하나씩 하나씩 늘어났고 그렇게 하다 회사를 차리게 됐다. 결코 남들처럼 처음부터 거대한 계획을 가지고 시작한 것이 아니다.

내가 창업을 앞둔 사람들에게 누누이 강조하는 말이 있다. 외식업이 적성에 맞지 않으면 절대 시작하지 말라는 것이다. 직장생활에 익숙했던 사람은 창업을 하면 직장에서 배운 조직의 룰을 식당 운영에 그대로 적용한다. 식당을 조직이라고 생각하기 때문에 나오는 행동이다. 식당은 절대 조직이 아니다. 서로 어울려 돌아가는 곳이다.

실타래가 엉켰을 때 가장 쉽게 풀어내는 방법은 물에 넣어놓고 슬슬 푸는 것이다. 실을 한 올 한 올 뽑아서 풀지 않고 전체적으로 느슨하게 만들어 자연스럽게 풀 때 완벽하게 문제를 해결할 수 있다. 인간관계도 마찬가지다. 완벽한 카리스마보다는 인간적인 모습을 보여주며 직원 한 사람 한 사람을 관리하는 것이 좋다. 어설픈 카리스마를 고집하고 있다면 백이면 백, 망하고 만다. 무엇보다 좋은 사람을 만나는 것은 복불복이다. 모두 운이고 인연인 것이라 내 마음대로 되지 않는다. 생각해보라. 유능하고 야망이 있는 사람이 왜 내 밑에서 일하겠는가?

식당을 운영하는 모든 주인이 바라는 직원은 결국 자신의 밑에서 일할 이유가 없다고 생각해야 한다. 사장의 마인드를 이해하고 손님들에게 정말 완벽한 서비스를 제공하며 직원 관리 방안은 물론 장사 아이디어까지 낼 수 있는 사람이라면 누군가의 밑에서 일하지 않고 자신의 가게를 차릴 것이다. 만약 그런 사람이 지금 식당에서 직원으로 일하고 있다면 그역시 독립을 준비하고 있을 확률이 높다. 창업하고 나서 한 달안에 직원이 바뀌지 않았다면 그 정도에서 만족해도 된다. 조금 부족한 직원일지라도 인간적으로 마음을 터놓고 함께 일하기 시작하면 직원 관리의 첫발을 잘 뗀 것이라 믿어도 된다.

먹는 장사, 결코 쉽지 않다

외식업계에는 사람을 골라 쓸 만큼 사람이 많지 않다. 나역시 방송에 처음 출연할 때만 해도 대학생들이 일하겠다고 찾아오곤 했는데 그리 오래가지 않았다. 외식업에 대해 자신만의 그림을 그리고 직접 찾아다니며 문을 두드릴 정도라면 성질이 굉장히 급한 사람이다. 그러나 외식업은 결과를 빨리 얻을 수 있는 분야가 아니다. 주방에서 일해도 2년은 지나야 어렴풋이 식당의 생리를 깨칠 수 있고 몸으로 직접 겪어봐야 알 수 있는 부분이 많다. 생각만 앞서고 머리로만 이해하려는 사람들을 보면 내 마음만 답답해진다.

식당 운영은 철저하게 자신과의 싸움이다. 인내심이 없으면 결코 식당을 운영할 수 없다. 지금 잘되는 식당이라면 손님한테 서비스를 잘하지 못하거나 음식이 형편없어도 당장 손님이 줄지 않는다. 오늘 손님에게 제공한 음식과 서비스의 결과는 시간이 지나서 나타난다. 장사가 잘되는 것도 마찬가지다. 지금 잘 안되는 식당이라면 맛있는 반찬을 내주고 열심히 서비스한다고 해서 곧바로 매상으로 이어지지 않는다. 한달이 걸릴 수도 있고, 1년이 걸릴 수도 있다. 그 시간을 참고

기다려야 한다. 그래서 식당을 하는 게 어려운 것이다.

나는 천성적으로 성질이 급한 편이지만 때에 따라서는 참을 줄도 안다. 가끔은 음식과 서비스에 대한 결과를 아예 잊고 지낼 수도 있는 성격이라야 식당을 할 수 있다. 내가 만든 프랜차이즈 가운데 시작하자마자 잘된 것은 거의 없다. 또 내 머릿속에는 아직도 프랜차이즈로 만들 만한 수백 개의 아이디어가 있다. 만약 급한 성질에 못 이겨 아이디어를 모두 꺼내어 사업화했다거나 이미 만든 프랜차이즈의 실패를 일찍 점쳤다면 지금까지 사업을 운영하기는 힘들었을 것이다. 수많은 아이디어를 모두 살리려 하기보다는 성공할 것이라는 확신과 인내심을 가지고 기다렸기에 가능했다.

'홍콩반점0410'은 2년 가까이 적자에 시달렸고, '새마을식당[肉]'도 2년 반이 걸려서야 비로소 자리를 잡았다. 둘 다 초창기의 성적을 고려하면 사라질 뻔한 프랜차이즈다. '빽다방' 역시 2006년부터 2012년까지 테스트 기간을 거치며 적자를 감당했다.

'내가 하면 더 잘할 텐데, 별것도 없구나!'

다른 사람이 어떤 과정을 거쳐 지금의 성공을 이뤘는지는 제대로 알지 못한 채 혼자만의 덧그림을 그려 더 큰 성공을 머리에 그리는 실수를 범하지 말라. 오랜 기간에 걸쳐 대박집으로 성공한 데는 그만한 이유가 있는 법이다. 나도 그런 교훈을 이제야 깨닫고 있다. 그만큼 먹는 장사는 쉽지 않다.

2장 잘되는 가게로 거듭나기 위해 고민할 것들

막이오름

막걸리 바

막
걸
리

막이오름

식당에서
프랜차이즈까지
확장하고 싶다면

———

나는 외식업을 희망하거나 현재 식당을 운영하고 있는 누군
가가 나에게 궁금한 것을 물어보면 그냥 지나치지 못한다.
사명감 같은 것까지 느끼면서 밤을 새워서라도 무엇이든 더
얘기해주려고 한다. 그런데 막상 대화를 나누고 나면 허탈해
진다. 그런 사람들의 머릿속에는 이미 모든 것이 구상돼 있
기 때문이다. 그들에게 내 조언은 그저 자기들의 구상에 대
한 하나의 검증일 뿐이다. 하지만 웬만큼 외식업 경험을 쌓
지 않은 이상, 창업을 준비하며 세운 계획대로 흘러가란 법
은 없다. 소위 대박을 내는 가게들도 오랜 시간 실패를 거듭
하며 지금의 성공을 이루었다는 사실을 예비 창업자들은 쉽
게 간과한다. 외식업에 먼저 뛰어든 선배 입장에서 말하자면
다양한 경험을 해본 사람이 건네는 조언을 그대로 따라 해도
변화는 바로 나타나지 않는다. 오랫동안 꾸준히 실천할 때
서서히 드러나게 된다. 그저 앉아서 머리로 생각한 대로만
돌아갈 거란 생각은 오산이다.

가장 대중적인 입맛을 찾아서

내가 맛에 대해 이야기할 때 자주 쓰는 표현이 대중의 입맛 분포는 마름모꼴이라는 것이다. 아래쪽에는 싱거운 맛, 순한 맛, 담백한 맛이 있고, 위쪽에는 짠맛, 매운맛, 단맛이 있다. 그중 가장 넓게 분포된 입맛이 대중적인 중간 맛이다. 자극의 강도는 아래로 내려갈수록 약하고 위로 올라갈수록 강하다. 보통 식당들은 중간 단계보다 살짝 높은 단계로 간을 맞춘다. 맛이 강해질수록 손님의 반응도 갈리기 때문에 간을 약간만 세게 맞추는 편이다.

"맛있는데 짜요."

"맛있는데 싱거워요."

"맛있는데 매워요."

즉 호불호의 반응이 나타난다. 우리나라 손님들은 맛이 없으면 굳이 이야기하지 않는 특징을 갖고 있다. 그러고는 식당을 재방문하지 않는다. 이때 맛이 없다는 의미는 '간'이 맞지 않음을 말한다.

춘천 닭갈비를 예로 들어보자. 백 명이 먹었을 때 80은 간이 맞는다고 했고 20은 짜거나 싱겁다고 했다. 닭갈비가 입맛에 맞지 않았던 그 스무 명의 손님이 주인에게 뭐라고 말했을까? 아무 말도 하지 않았다. 예전에는 음식에 대해 불만을 이야기하면 오히려 면박을 주는 분위기가 강했다.

이제는 우리나라의 생활 수준이 높아졌고 다양한 형태의 건강식이 소비되는 추세다. 건강을 생각하는 사람일수록 문화적으로 수준이 높다고 여겨지고 사회적 지위도 높다는 인식이 생겼다. 그런 분위기 속에서 자신이 먹은 음식의 간이 짜거나 세다고 불만을 제기하는 사람이 오히려 음식에 대한 조예가 깊고 음식을 가려 먹을 줄 아는 사람이라는 인식이 유행처럼 자리를 잡았다.

그만큼 요리에서 간을 맞추는 것은 중요하다. 처음 요리를 시작할 때 사람들이 제일 먼저 하는 행동은 요리책을 사서 보거나 요리 유튜브나 레시피를 찾아보는 것이다. 그런데 거기 나온 대로 따라 했는데도 맛이 나질 않는 경우가 많다. 바로 간 때문이다. 나도 요리 프로그램을 시작할 때 어떤 입맛을 기준으로 간을 맞춰야 할지 고민했다. 분명 시청자들의 입맛은 제각각으로 분포될 테니 호불호가 없는 쪽의 간으로 맞출까도 생각했다.

하지만 요리 프로그램을 시작했던 목적 중 하나는 사람들 스스로 다양한 음식을 많이 만들어 먹어보게 하자는 데 있었다. 그래서 간을 조금 위쪽으로 맞추기로 했다. 물론 간이 좀 세다는 말은 듣겠지만 그래야 사람들이 포기하지 않고 계속 요리를 할 수 있을 것이라 생각했다. 대신 간이란 것은 차차 자신의 입맛에 맞게 맞추면 된다는 이야기도 빼놓지 않았다.

요리 프로그램이 공개되고 나자 반응이 뜨거웠다. 소금을 줄이는 사람, 간장을 줄이는 사람, 설탕을 줄이는 사람 등 각자 취향에 따라 바꾸기도 했다. 많은 사람이 음식에 대해 관심을 갖고 즐겁게 요리를 하게 만드는 소기의 목적을 달성한 것이다.

한편 식당에서는 음식의 간을 약하게 잡으면 불만을 드

러내는 손님도 없지만 재방문율도 줄어든다. 식당을 운영하는 입장에서는 대중적인 맛을 찾아야 손님들에게 각인될 수 있다. 이때 음식에 대해 자발적으로 이야기하는 손님들의 컴플레인만 믿고 음식을 맛보지 않고 간을 조절하거나 자신의 입맛에만 맞추면 대중의 선택을 받을 수 없다.

더본코리아에서 운영하던 단체 급식팀에서 급식처의 손님이 늘지 않는 이유를 조사한 적이 있다. 조리사나 영양사는 이전 업체에서 일하던 사람들이 그대로 남았고 관리만 우리가 하는 바람에 메뉴가 예전과 똑같았다. 단체 급식을 하는 사람들에게 가장 두려운 것은 컴플레인이다. 단체로 '짜다', '맵다' 등의 불만이 접수되기 시작하면 급식을 먹는 손님 수가 확 떨어질 수 있기 때문이다. 그러다 보니 사람들이 불만을 갖지 않을 정도로 간을 약하게 하고 누구도 아무 말 하지 않을 음식만 만들게 된다.

많은 사람이 먹는 급식이다 보니 모두가 만족하는 음식, 즉 컴플레인이 없는 음식을 만들기가 참 어렵다. 모든 사람이 불만을 갖지 않으려면 우선 싱거워야 한다. 음식이 싱거우면 소금이나 간장을 자기가 알아서 넣어 먹도록 하면 된다. 이런 음식을 먹고 나가는 사람 대부분은 '맛있다', '맛없다', '만족한다'라는 말이 없다. 하지만 불만이 없다고 해서 방심하면 큰일 난다. 아무도 컴플레인을 하지 않았으니 문제가 없다고 생각하기 쉽다.

천 명이 먹을 음식이 천 명 모두에게 똑같은 맛으로 느껴질 수는 없다. 그럴수록 과감해져야 한다. 나는 단체 급식팀에 요청해 시큼해야 하는 음식은 시게, 매콤해야 하는 음식은 매콤하게, 달아야 하는 음식은 달게 조정해봤다. 조리사나 영양사는 불만이 나올 테니 안 된다고 반대했지만 밀어붙였다. 아니나 다를까 간을 맞추자마자 불만이 튀어나왔다. 그런데 재미있게도 손님 수가 늘기 시작했다.

간을 맞출 때는 대중적인 입맛에 맞추는 게 가장 중요하다. 그렇다면 대중적인 입맛은 어디에 기준을 둬야 할까. 사실 소수여도 싱겁게 먹는 사람에게 간을 맞추면 컴플레인이 없다. 그런데 대다수의 입맛에 따라 간을 좀 더 세게 하면 1퍼센트의 사람들이 '맵다', '짜다'라고 불만을 제기한다. 즉 대중적인 입맛을 기준으로 음식을 만들면 1퍼센트 정도의 소수가 컴플레인을 한다. 실제로는 대부분의 사람들 입맛에 맞는 것이다. 만족도를 높이려면 1퍼센트의 불만은 감수하는 것도 방법이다.

3장 식당에서 프랜차이즈까지 확장하고 싶다면

가게만의 맛과 멋을 돋보이게 하는 인테리어

요즘은 맛도 맛이지만 인테리어를 신경 쓰는 창업자들이 많다. 음식 맛이 조금 부족해도 식당 인테리어만 좋으면 맛집이 될 수 있을까? 천만의 말씀. '맛'이 좋은 건 기본이다. 그런데 손님이 식당에 들어가서 "여기 맛있어"라고 할 때의 '맛'이란 순수하게 입으로 느끼는 맛을 의미하지 않는다.

누구나 만족할 만한 100퍼센트짜리 음식을 만들어도 손님을 만족시키지 못할 수 있다. 맛집이 되려면 음식 맛에 연출을 더해야 한다. 여기서 말하는 '연출'이란 인테리어, 첫인상, 사장의 친절도, 매장 분위기 등을 모두 포함한다. 마치 고등학생들이 대학 입시를 준비하면서 내신을 위한 공부와 수능을 위한 공부를 병행하는 것과 같은 맥락이다.

한쪽만 열심히 공부하면 대입 합격의 확률이 낮듯이 식당에서 느끼는 맛은 음식만으로 좌우되지 않는다. 식당에 들어설 때 받는 첫 느낌부터 손님을 반기는 사장의 표정, "오늘 정말 신선한 최고급 고기가 들어왔어요"라며 주문을 받는 종업원의 멘트, 마음에 쏙 들게 꾸며놓은 실내 인테리어 등등 음식의 맛을 100퍼센트 이상으로 만드는 요소가 도처에 숨어 있다.

이러한 요소들은 식당마다 조금씩 다르게 적용되므로 정답이 없다. 따라서 음식의 맛을 배가시키는 요소들이 모두 조화롭게 어우러지도록 끊임없이 연구해야 한다. 세련된 카페 같은 인테리어에 직원들은 친절하고 음식 맛이 나쁘지 않을 정도면 손님이 무조건 만족할까?

오래되고 유명한 냉면집에 갔는데 종업원은 손님이 자리에 앉기도 전에 메뉴 결정을 재촉하고 서빙을 하는 직원은 냉면 그릇을 툭 던지듯 내려놓으면서 빨리 먹고 나가라는 식으로 눈치를 준다. 제아무리 냉면이 아무리 맛있다고 해도 불쾌한 느낌이 남아 재방문을 꺼리게 될 것 같은데, 고유의 맛을 잊지 못한 손님들이 문전성시를 이룬다.

욕쟁이 할머니가 있는 가게에 가면 반찬은 알아서 가져다 먹어야 하고 식탁도 제대로 닦여 있지 않는 경우가 있다. 그런데도 이런 식당에서 먹는 음식들은 평소보다 더 맛있게 느껴지기도 한다. 심지어 욕쟁이 할머니와 투박한 음식과 그곳만의 분위기가 그리워 재방문을 하는 사람이 많다. 이것이 바로 맛을 제외하고 자신의 가게에 어울리는 연출 요소들이다. 김치찌개집에는 장독대가 즐비하게 늘어선 한옥, 김치를 양손 가득 든 어머니 같은 인상의 주인, 김치를 만드는 재료인 싱싱한 젓갈 사진을 걸어두기도 한다. 이런 가게라면 신문지처럼 오래된 벽지를 활용해 인테리어를 하더라도 분위기를 잘 연출했다고 여겨져 손님들의 음식 만족도까지 한층 높일 수 있다. 반면 파스타 집이라면 사정이 조금 다르다. 김치찌개 집과 같은 사진이나 벽지를 활용했다가는 재방문은 둘째치고 손님이 입장하는 일조차 요원할 수 있다.

이렇듯 자신의 가게에 딱 맞는 요소들을 찾아낼 때 성공을 위한 발판이 갖춰진다. '새마을식당[內]'의 콘셉트는 '과거'였다. 1970년대 느낌이 물씬 풍기는 내부 인테리어에 저렴하고 맛있는 김치찌개가 주메뉴인 곳. '새마을식당[內]'은 유행에 민감하고 새로운 콘셉트의 식당을 방문하는 데 거리낌 없는 젊은이들이 많이 오가는 강남과 홍대 같은 지역에서도 인기가 높다.

이러한 식당의 분위기는 가게 자리를 찾기 전에 미리 구상해놓지 않아도 된다. 지역에 상관없이 남녀노소가 모두 들어올 만한 곳이라면 당장 시작해도 상관없지만 창업을 하는 과정에서는 식당 자리를 찾는 게 급선무다. 자신의 식당에 주로 올 만한 사람이 누구일지를 파악하고 나서 가게의 분위기를 만들어도 늦지 않다. 모든 사람을 만족시키겠다고 마음먹으면 안 된다. 그건 욕심이고 죽도 밥도 아닌 식당을 만드는 결과를 낳는다. 주변 상권을 이용하는 소비층 중 30퍼센트 정도가 주 고객이 되면 일단 성공적이라 할 만하다. 주 소비층의 40~50퍼센트까지 확보할 수 있다면 그야말로 문전성시를 이루는 식당이 된다.

나는 점주들에게 가게의 문제점이 무엇인지 전혀 찾을 수 없을 때면 며칠씩 가게를 비우고 여행을 다녀오라고 권한다. 자신을 둘러싼 환경을 벗어나면 항상 보던 똑같은 풍경도 갑자기 다르게 보이곤 한다.

'우리 가게 입구가 저렇게 복잡했었나?'
'가게 안이 이렇게 지저분했나?'

매일 봐서는 알아챌 수 없던 문제점은 잠깐 자리를 비우기만 해도 다르게 보이는 경우가 많다.

소비층의 심리를 알아야 트렌드를 읽을 수도 있다. 프랜차이즈 역시 무조건 가맹점을 늘리는 일이 브랜드를 일으키는 무기가 아니다. 어떤 프랜차이즈는 하나의 브랜드를 론칭하기 위해 수년을 공들여 테스트한다. 그 기간 동안 소비의 흐름이 어떻게 흘러가는지 읽어야 하기 때문이다.

'빽다방'은 2006년에 론칭했다. 당시에는 많은 사람이 대형 커피 전문점에서 값비싼 커피를 사 마시는 걸 선호했다. 상대적으로 작은 규모의 매장에서 저렴한 커피를 파는 '빽다방'이 성공할 가능성은 희박했다. 하지만 사람들 사이에서 굳이 더 비싼 돈을 내고 커피를 사 마실 필요가 없다는 인식이 생기면서 희망이 보이기 시작했다. 점차 저렴하고 실속 있는 곳에서 먹고 마시는 게 현명한 소비라는 흐름이 생긴 순간 '빽다방'은 성장세를 보였다.

잘되는 가게를 운영하는 사장님들에게 노하우를 물어보면 구체적인 이유를 말해주는 경우가 드물다. 대부분 음식이 맛있어서라고 답할 것이다. 맛은 기본이고, 가게마다 다른 이유가 적어도 하나씩은 있다. 가게 자리가 좋아서일 수도 있고, 가게 자리는 그리 좋지 않아도 메뉴가 기가 막힌 곳도 있다. 할머니 때부터 대를 이어 가게를 운영해오다가 대박집으로 거듭나는 곳도 있다. 할머니가 운영할 때는 사람들에게 인기가 없었지만 어머니가 운영할 때부터 점차 입소문이 나기 시작해 3대를 이어온 집이라는 스토리가 더해지면서 대박집이 되기도 한다. 게다가 가게 바로 옆에 공영주차장까지 생기면서 주변 환경이 도움을 주는 경우도 있다. 이렇듯 대박집이 된 이유를 세세하게 분석해야 한다. 하지만 주인이 자기 가게가 잘되는 이유를 모를 경우에는 대부분 이렇게 말한다.

"우리 조리 비법을 배우기만 하면 대박 날 겁니다."

대박집에서 단순히 음식 만드는 법을 배우는 데서 그쳐서는 안 된다. 조리법은 마음만 먹으면 단 몇 시간만 들여도 배울 수 있다. 한번 생각해보라. 대박집의 음식 만드는 노하우를 배운 모든 사람이 가게를 차리면 누구나 대박집의 주인이 될 수 있을까? 장사가 잘되는 식당은 요리가 전부가 아니다. 대박집에서 배워야 할 것은 전반적인 운영 방법이다.

효율적인 주방 운영과
일정한 맛을 위한 레시피 계량화

사람들이 식당을 찾는 이유는 단순하다. 자신이 직접 만들기 어려운 음식을 먹고 싶기 때문이다. 돈을 지불하고 먹는 음식이니 당연히 맛있는 맛을 찾아 먹는다. 아는 맛이 가장 무서운 맛이라는 말이 있듯이 식당을 찾아갈 때는 이미 머릿속에 아는 맛이 남아 있기 때문에 그곳을 다시 찾는다. 그런데 간혹 초보 사장들이 운영하는 식당을 찾은 손님들이 맛이 일정하지 않다고 평가하는 경우가 많다.

"어제 맛있어서 다시 왔는데 오늘은 그 맛이 아니네요."

맛의 중심을 잡지 못하는 이유는 레시피를 계량화하지 않아서다. 예를 들어 〈백종원의 골목식당〉 방송 중에 소개한 어느 닭칼국숫집은 어머니가 하던 식당을 딸이 물려받아 2대째 운영하고 있었다. 주메뉴는 닭칼국수이고 얼큰칼국수, 해물칼국수, 비빔국수, 왕만두, 제육덮밥, 닭만두국, 쫄면 그리고 여름에는 냉면, 콩국수, 냉김치국수까지 팔고 있었다. 사장님 혼자서 운영하는 식당인데도 불구하고 생각보다 메뉴가 많았다.

메뉴가 많으면 찾는 손님이 많을 것이라고 생각하지만 꼭 그런 것만도 아니다. 게다가 메뉴가 많은 만큼 식재료의 재고 관리가 쉽지 않다. 무엇보다 사장님은 매번 국물의 간을 보며 음식을 만들고 있었다. 자신감이 없으니 음식을 만들 때마다 여러 번 간을 봐야 했다. 그래서 같은 음식인데도 매번 맛이 달랐던 것이다.

식당을 운영하면서 양념의 레시피화는 필수이자 장사의 기본이다. 자신이 팔고 있는 음식의 1인분에 필요한 재료마다 기준이 정해져 있지 않으면 당연히 일정한 맛을 낼 수 없다. 준비가 부족한 식당은 레시피가 계량화돼 있지 않다. 심지어 계량화를 어떻게 하는지조차 모르고 장사를 하는 경우도 있다. 재차 강조하지만 자신의 가게에서만 먹을 수 있는 일정한 맛이 나는 메뉴를 만들어내지 못하면 식당은 망하고 만다. 어제는 맛있었는데 오늘은 그 맛이 아니라면 누가 또 식당을 찾아오겠는가. 닭칼국숫집도 레시피 계량화를 해내기까지 시간이 걸리고 시행착오를 겪겠지만, 사장님의 부단한 노력으로 점차 음식 맛을 유지해나가리라 믿는다.

레시피를 계량화하려면 양념을 만들 때 들어가는 모든 식재료를 빠짐없이 꺼내놓아야 한다. 우선 1인분을 정량화하려면 1인분을 조리할 때 들어가는 식재료를 쭉 나열한다. 예를 들어 고추장 두 숟가락, 간장 한 숟가락, 마늘 한 숟가락, 식초 한 숟가락 등등으로 간단하게 계량화할 수 있다. 그런데 똑같이 넣는다고 넣어도 요리할 때마다 맛이 일정하지 않고 조금씩 다를 때가 많다.

조금만 생각해보면 그 이유를 알 수 있다. 설탕 같은 분말 재료를 한 숟가락 뜬다고 생각해보자. 숟가락 위로 넘치게 푹 떴는지 한 번 떴다가 평평하게 깎았는지에 따라 설탕의 양이 달라진다. 된장이나 고추장도 한 숟가락의 양은 뜰 때마다 천차만별이라 정확한 계량이 어렵다. 그래서 양념장을 만들 때는 재료를 액화시켜야 한다. 간장처럼 액체 상태로 만들면 한 숟가락에 해당하는 양의 오차 범위가 줄어든다. 레시피에 따라 양념장을 완성한 다음에는 들어간 수분을 포함해서 액화시키면 된다. 그렇게 1인분을 완성하고 나서 여러 번 반복해 같은 맛을 내는 2인분을 만들고 익숙해지면 점차 그 양을 늘린다.

그런데 2인분에 해당하는 양념장을 만드는 데 성공했다고 해서 100인분을 쉽게 성공하지는 못한다. 아무리 똑같은 레시피라도 오차가 존재하기 때문이다. 만약 1인분에서의 오차가 0.1이라면 100인분이 되면 오차값이 10이 되기 때문에 전체적인 맛이 확 달라진다. 몇 번을 거듭하며 오차의 이유를 찾아내면서 10인분을 성공시키고, 다시 20인분을 성공시키는 방법으로 대용량의 레시피를 만들어 늘려가야 한다.

라면 끓일 때를 생각해보라. 라면 한 개를 끓일 때는 물 500밀리리터를 넣으면 된다. 이때는 물도 금방 끓는다. 그런데 10개를 한 번에 끓인다고 500밀리리터의 10배에 해당하는 물을 넣고 끓이면 라면 맛이 제대로 나지 않고 싱거워진다. 물 끓는 시간이나 수분으로 증발하는 양이 다르기 때문이다. 보통 장마철에 육수를 내거나 반죽을 하면 평소의 물 양보다 적게 조절한다. 공기 중에 습기가 많으면 반죽이 마르면서 증발하는 양이 달라지기 때문이다. 이렇듯 메뉴마다, 상황에 따라 활용할 나만의 레시피를 갖고 있어야 어느 때건 변함없이 맛을 내는 식당으로 거듭날 수 있다.

여러 식당을 돌아다녀보면 식당 운영을 얼마나 오래 했는지와 상관없이 몸에 밴 습관대로 양념을 만들어 요리하는 경우가 있다. 그러면 육수나 양념장의 맛은 매일매일 달라지기 마련이다. 음식의 기본 맛이 괜찮았던 날에 가게를 방문한 손님에게는 맛집으로 인식되지만 그렇지 않은 날에 찾은 손님에게는 형편없는 식당으로 인식된다.

사실 프랜차이즈 식당과 일반 식당이 특별하게 다를 것은 없다. 다만 똑같은 밭에서 자란 파를 개인 식당에서는 사람이 직접 손으로 일일이 씻고 다듬는다면, 프랜차이즈 식당에서는 공장에서 기계가 한꺼번에 다듬고 자른 파를 사용한다는 차이가 있을 뿐이다. 고기를 쓸 때도 요리에 적합한 부위를 가져다가 하나하나 비율을 맞춰 썰어서 사용하거나 덩어리째 기계로 썰어서 소분한 물량을 받아서 쓰는 식으로 다를 뿐이다.

프랜차이즈가 정량화된 식재료를 사용할 수밖에 없는 이유는 가맹점마다 똑같은 맛을 내야 하기 때문이다. 사람의 손맛이나 가게마다 맛이 달라지지 않고, 어느 곳을 가더라도 똑같은 맛을 제공해 손님들이 만족하는 게 중요하다. 그것을 안정된 맛이라고 한다.

소비자 입장에서는 가격이 부담되지 않고 낯선 곳에서도 믿고 먹을 만한 맛을 내며 실패할 확률이 낮은 음식을 먹을 수 있는 장소가 바로 프랜차이즈다. 하나의 메뉴를 개발하는 데는 개발팀에서 오랜 시간과 공을 들여 맛의 최대치를 뽑아서, 이를 안정화시키는 방법을 찾아내는 과정을 거친다. 그리고 조리 과정을 완전히 숙달하지 않은 사람이건 숙달한 사람이건 편차를 가급적 줄일 수 있도록 연구해 그 결과를 소스화한다. 이것이 프랜차이즈 본사만의 비결이자 가장 어려운 작업 단계다.

넓은 의미에서 외식업이 발전하려면 음식을 제공하는 각각의 단계를 식당 종사자들이 제대로 이해하고 있어야 한다. 나는 보통 편의점 음식, 프랜차이즈 식당의 음식, 지역에서 개인이 운영하는 식당의 음식, 노포老鋪 음식의 단계로 구분한다. 단계마다 음식은 가격도 서로 다르고, 추구하는 바도 서로 달라야 한다.

또한 각 단계의 식당과 음식들이 공존해야 외식업이 함께 발전할 수 있다. 이제는 업종이 달라도 외식하는 소비층이 서로 다르지 않기 때문이다. 식당을 찾는 손님 누구나 하루는 편의점에서 간단하게 끼니를 때우기도 하지만, 하루는 지역의 맛집을 찾아가 먹을 때도 있다. 그런 만큼 외식업을 하는 사람이라면 서로를 경쟁자로 볼 것이 아니라 공존을 위한 업계의 파트너로 인정해야 외식업 전체가 상생할 수 있다.

손님을 사로잡는 맛과 트렌드까지 고려한
메뉴 개발의 시간

보통 메뉴를 개발한다고 하면 맛집으로 소문난 집을 찾아다니며 음식을 먹어보는 방법을 택한다. 나는 그보다 방송이나 인터넷에 공개된 정보를 활용해 맛집들의 메뉴를 먼저 찾아보는 것이 좋다고 생각한다. 호랑이를 그리려다 고양이를 그린다고, 실제로 발품을 팔아 먹어보면 음식 맛에 실망해 어떻게 맛집으로 소문이 났는지 의문스러운 집들도 많이 보게 된다.

방송에서는 100 정도밖에 안 되는 맛이라도 500, 600으로 과장해 표현한다. 카메라에 비춰진 음식도 기가 막히게 화려해 보이곤 한다. 그러니 메뉴를 개발하려는 생각을 가지고 있다면 음식을 만드는 과정을 상상해보려고 노력하는 편이 좋다. 여러 번의 시행착오를 거쳐 목표치와 비슷한 맛을 낼 수 있다고 판단되면 그때 해당 메뉴를 파는 집을 실제로 찾아가 보라. 어쩌면 자신이 만든 음식이 맛집의 음식보다 훨씬 맛있을 수도 있다.

소비자 입장에서 음식의 트렌드 분석을 마치고 나면 이

제 어떤 메뉴를 팔 것인지 고민할 차례다. 메뉴를 구상할 때는 자신이 만들기 편한 것에서부터 시작해야 한다. 이 단계에서는 소비자보다는 자신을 위해 메뉴를 정해야 한다. 업계에서 내려오는 비밀과도 같은 규칙이다. 자신이 장사하기 편하고, 재고 관리를 쉽게 할 수 있고, 추가 주문을 받아도 부담이 없을지를 고려하라. 특히 기존 일행에 손님이 추가로 왔을 때 수저만 더 얹어서 함께 먹거나 공깃밥만 하나 추가해서 시켜 먹기에는 아쉬운 메뉴여야 한다.

일단 만들기 편한 메뉴를 정했다면 이제는 다음 손님을 위한 스토리를 덧입히면 된다. 무작정 성공한 가게의 비결만 듣고 와서 자신도 똑같이 따라 하겠다는 생각으로 접근하면 메뉴를 구성하는 것은 빠르고 쉬워도 자신만의 음식을 만드는 데 실패하고 만다. 스토리를 더할 때는 먹는 사람의 입장을 고려하라. 일반적으로 식당에서 팔고자 하는 음식이 있다면 어떻게 팔아야 할지에 대한 구상도 함께 떠올린다. 음식을 잘 팔 수 있을 만한 방법이 떠올랐다면 자신에게 유리한 방향으로 전략을 세우되 손님을 위해 만들었다는 인상을 주는 스토리를 만들어야 한다.

예를 들어 비빈 밥을 김에 싸 먹는 메뉴를 만들었다고

치자. 직원들이 김을 일일이 가위로 잘라주는 것을 손님들이 번거로워해 김가루로 바꿔야겠다고 생각한다면 100퍼센트 손님이 원하는 방향으로 가는 것이다. 그러면 손님들도 주인의 마음을 알아차리고 열광하게 된다. 이렇듯 메뉴를 개발할 때 한쪽만 봐서는 부족하다. 손님 입장을 고려하되 주인 입장에서 비용 손실이 적고 관리가 용이한 쪽으로 구체화해 뼈대를 만든 후 다시 손님이 매력을 느낄 수 있는 살을 붙여가야 한다.

이러한 과정을 거치고 나면 메뉴가 자리 잡을 수 있도록 인내하는 시간이 필요하다. 아무리 완벽하게 만든 메뉴라도 기다림 없이 절대 성공할 수 없다. 손님들이 메뉴의 진가를 알아주기까지는 시간이 걸린다. 식당 주인 입장에서는 소비자의 반응이 없으면 정말 견디기 힘들다. 자신의 생각이 틀린 건지, 음식에 문제가 있는 건지 이런저런 생각을 하면서 하루에도 몇 번씩 마음이 흔들리기 마련이다. 하지만 이러한 마음을 경계하고 손님들이 음식의 진정한 가치를 알아주기를 기다려야 한다.

앞서 말했듯이 나는 거의 머릿속에서 메뉴 개발을 한다. 이미 식당 운영 초창기부터 여러 재료들로 다양하게 조합해보는 작업들을 통해 시행착오를 많이 겪으며 데이터가 쌓여 있기 때문이다. 또 전국의 온갖 맛집을 찾아가 먹어보며 훈련된 미각을 통해 이제는 상상만으로도 어느 정도 결과를 예상할수 있다. 하지만 모든 메뉴를 실제로 만들어 팔진 않는다. 메뉴를 만들어보고 개발하는 과정에서 현실적으로 판단해 금방 포기하기도 한다.

새롭고 괜찮은 메뉴는 한두 번 만에 뚝딱 만들어지지 않는다. 하나의 메뉴를 만들기 위해서는 똑같은 재료로 비율만 다르게 해서 100번을 넘게 실험해야 한다. 설탕 한 스푼을 더넣고 덜 넣는 결과를 얻으려면 전체 과정을 동일하게 다시 반복해야 한다. 끓이고 졸이고 마지막 결과로 나올 때까지 한 시간은 걸린다. 한 시간씩 걸리는 조리를 100번 이상을 반복한다는 것이 말처럼 쉬운 일은 아니다. 처음에 예상했던 결과가바로 나오지도 않는다. 음식의 맛은 단맛, 짠맛, 매운맛이 얼마나 조화를 이루느냐에 따라 달라진다. 따라서 손님이 원하는 맛이 나올 때까지 무한 반복할 수밖에 없다.

우리 회사 내 식품연구 개발팀과 조리 개발팀에서는 이러한 과정을 무한 반복한다. 내가 상상했던 맛을 구현해내는데 매우 큰 역할을 하는 곳이다. 열흘 만에 맛을 찾기도 하지만 더 오랜 시간이 걸리기도 한다. 더본코리아에서는 수많은 시도 끝에 개발한 메뉴에 대해 평가를 하는 '메뉴 데이'라는 것이 있다. 한 달에 한 번 날짜를 정해서 나를 비롯해 더본코리아 각 브랜드의 사업부장, 팀장, 조리개발 담당자, 마케팅팀 및 기획팀 등의 유관부서들이 함께 모여 기존 메뉴의 보완 및 새로운 메뉴를 놓고 시식하는 과정이다. 음식뿐만 아니라 실제 손님 테이블에 서빙될 때 사용할 그릇, 양념까지 모두 세팅해놓고서 총평을 한다. 현재 운영 중인 각 브랜드의 메뉴들은 이런 복잡한 과정을 거쳐서 개발된다.

'메뉴 데이'에는 기존 메뉴의 보완 및 새로 개발한 음식을 맛보고 해당 브랜드에서 신 메뉴로 내놓을 만한지에 대한 의견을 주고받는 것은 물론 요즘 손님들의 입맛이나 외식 트렌드에 관한 이야기도 나눈다. 다양한 직원들이 각자의 의견들을 제시하고 나면 나는 그 의견들을 참조해 최종적으로 무엇을 수정 보완하면 좋을지에 대한 평가를 한다. 그러다 보면 끊임없이 개선할 수 있도록 음식의 부족한 맛을 지적할 수밖에 없다. 그것이 내 일이고 그래야 새롭고 맛있는 메뉴를 개발할 수 있다. 나 역시 그런 과정을 수없이 많이 거치면서 직원들에게 날카로운 지적과 섬세한 조언을 할 수 있게 훈련이 됐다.

간혹 혼자서 식당을 하면서 메뉴 개발을 가볍게 여기는 사람이 많다. 한번은 비빔냉면에 싸 먹는 족발과 보쌈이라는 독특한 메뉴를 내세워 창업한 사장님을 만난 적이 있다. 주메뉴가 족발인 그의 식당에서는 술을 주문하는 손님이 많았고 안주와 함께 먹을 국물을 찾는 경우가 많아 순두부를 메뉴에 추가했다고 한다. 그런데 사장님은 원래 메뉴였던 족발보다 순두부를 찾는 손님이 더 많아지는 바람에 고민하고 있었다. 그 이유를 물으니 자신이 원래 만들었던 메뉴 콘셉트로 제대로 자리를 잡아 유명해지고 싶었다는 속마음을 들려줬다.

나는 메뉴를 새롭게 만들 때 내가 팔고 싶은 메뉴를 만들어 손님을 이해시키려고 하지 않는다. '난 이렇게 먹고 싶은데, 왜 이게 없지?'에서 출발한다. 그때 너무 주관적인 생각은 아닌지 경계해야 한다. 앞서 상담 사례로 돌아가보면 족발과 냉면이 술안주에 어울리는지부터 따져보면 된다. 대부분의 손님은 안주의 궁합부터 생각한다. 밥을 파는 식당이거나 점심 위주로 장사하는 집이라면 냉면과 족발이 어울리는 메뉴다. 그런데 술이 들어가면 이야기가 달라진다. 족발 자체가 술안주이기 때문이다. 나라면 냉면을 포기하거나 점심 메뉴로 한정하는 방법을 고민할 것이다. 게다가 족발과 순두부는 따로 보면 잘 어울리지 않지만 술이라는 요소가 들어가면 잘 어울리는 한 쌍이 된다. 결국 술이라는 요소를 어떻게 할 것인지가 문제 해결의 열쇠다. 술 위주로 간다면 그에 맞는 메뉴로 콘셉트를 바꾸는 게 나을 수 있다. 이렇듯 자신의 가게를 찾은 손님의 성향까지도 적절하게 맞출 수 있도록 메뉴 개발에 힘써야 한다.

익숙함과 낯섦, 설득력까지 갖춘 메뉴 구성

부대찌개는 내가 애착을 가지고 꼭 해보고 싶었던 메뉴다. 지금은 제주 금악포크빌리지에서 만든 수제소시지를 메뉴화해서 '성성식당'과 '한신포차'에서 판매할 만큼 성장했다. 사실 부대찌개는 '본가'가 처음 중국에 문을 열었을 때 구이 메뉴와 어울리는 메뉴를 찾다가 시작한 것이었다. 현지에서 반응이 없으면 바로 빼려고 했는데 의외로 손님들의 선호도가 높았다. 미국 출장을 가서도 한인타운 부대찌개집에 외국인이 더 많은 걸 보고 놀랄 때가 있다. 그래서인지 부대찌개를 잘 살리면 세계적인 메뉴가 될 거란 생각이 들었다.

부대찌개를 메뉴로 정했을 때 저녁 장사가 큰 걸림돌이었다. 당시 나도 점심에 부대찌개를 팔면 저녁에는 그와 관련 있는 메뉴로 무엇을 해야 할지 고민해봤다. 단순하게 접근해 삼겹살이나 부대볶음 정도를 팔면 되겠다는 생각이 떠올랐다. 거듭 말하지만 메뉴 특성을 고려해 부대찌개집에서 무엇을 팔지 고민하는 과정이 필요하다.

부대찌개집에서는 주로 베이컨, 소시지, 햄을 쓴다. 보통 찌개를 만들고 남는 재료를 구워서 팔기도 한다. 나는 반대로 시도해보려고 했다. 부대찌개를 파는 집이 아니라 햄과 소시지를 파는 집으로 접근한 것이다. 음식을 구워 먹는 집에서 남는 재료로 부대찌개를 낸다는 식으로 뒤집어 생각한 것이다.

'이 집에 가면 햄이나 소시지를 그냥 사 갈 수도 있고 구워서 파는 걸 먹을 수도 있다. 그걸 가지고 찌개도 끓여 판다.'

주객전도를 하니 승산이 있었다. 부대찌개 식당이 아니라 소시지 전문점으로 탈바꿈한 것이다. 잘되는 메뉴는 고정관념을 버려야 만들 수 있다. 남들도 팔고 있는 것을 내가 다르게 바꾸려 한다면 내가 만든 메뉴를 그들이 팔지 못하는 이유를 찾아야 한다. 내가 무엇을 할지에 대한 고민이 아니라 식재료나 레시피를 전부 해체하고 순서를 다시 생각해보면 의외로 쉽게 새로운 메뉴를 떠올릴 수 있다.

'새마을식당[치]'에서 내놓은 '7분 돼지김치'도 그다지 특별하지 않을 수 있다. 그런데 나도 김치찌개에 라면 사리를 넣어 먹기를 좋아하지만 직원이 너무나 당연하게 라면 사리를 권하는 것이 별로 좋아 보이지 않았다. 손님 입장에서는 라면 사리를 넣지 않고 먹고 싶을 수도 있을 텐데 말이다. 그런 이유로 김치찌개에서 라면 사리를 빼고 싶었다. 그러려면 국물을 적게 만들어야 했다. 또 국물이 없으니 찌개에 밥을 말아 먹는 개념이 아니라 비벼 먹는 개념으로 바뀌었다. 그렇게 지금의 '7분 돼지김치'가 탄생했다.

반대로 고깃집을 하면서 맞닥뜨리는 고민거리 중 하나가 바로 점심 메뉴다. 일반적으로 점심 장사가 잘되면 저녁 장사가 잘 안되고, 저녁 장사가 잘되면 점심 장사가 잘 안된다. '새마을식당[치]'의 성공비결은 김치찌개 위주였던 점심 메뉴에 들어간 푸짐한 고기였다. 점심에 식사를 한 손님이 고기를 많이 주는 가게라는 기대 심리를 가지고 저녁에도 찾아오면서 매상에 영향을 끼쳤던 것이다.

주변에 비슷한 고깃집들이 들어서 있다면 고기 한두 덩어리를 꺼내놓고 다듬고 있는 모습을 보여주기만 해도 손님은 매일 신선한 고기를 들여놓는다고 인식한다. 가격까지 저렴하면 좋은 인상을 남길 수밖에 없다. 손님들은 점심시간에 본 고기가 뇌리에 남아 자연스럽게 그날 저녁에 돼지고기에 소주나 한잔할까 하고 생각하게 된다. 이것이 '새마을식당肉'의 판매 포인트 중 하나였다. 점심과 저녁 메뉴 둘 다 성공하고 싶다면 메뉴의 연관성을 고려한 구성으로 손님들이 저녁에도 다시 오고 싶게 만들어야 한다.

최근 '새마을식당'은 '새마을식당肉'으로 상호를 리뉴얼하고 이제는 명실상부 더본코리아 장수 브랜드로 입지를 더욱 공고히 하고 있다.

한번은 해장국집과 차돌박이집 중에서 어느 것을 시작해야 할지 고민하던 분이 상담을 요청해왔다. 결론부터 말하자면 두 집은 상권 자체가 다르다. 해장국집은 저녁 매상이 약하다. 일반적으로 식당을 운영할 때 오후 6~9시의 매상이 전체 매상에서 상당한 비중을 차지한다. 어떤 곳은 전체 매상의 60퍼센트 이상, 어떤 곳은 80퍼센트에 달하기도 한다. 심지어 점심 장사를 하지 않고 저녁 장사만 하는 곳도 있다.

만약 해장국집을 하려고 한다면 저녁 매상과 관계없이 유동 인구가 많아서 매상이 계속적으로 일어나는 지역에 들어가야 한다. 즉 술을 마시거나 계속 움직이는 사람들이 들어와야 한다. 같은 대로변에 있더라도 주차장이 확보돼 있어 차를 끌고 나온 사람들도 많이 찾을 수 있는 곳이 유리하다. 참고로 해장국집은 상권 분석이 어려워 매상이 나오기 힘든 메뉴다. 그나마 감자탕집은 점심에 해장국을 팔고 저녁에는 감자탕을 술안주로 팔아 유지할 수 있다.

만약 고깃집을 하려고 한다면 아이템을 제대로 잡고 시작해야 한다. 나는 예전에 '숯불을 쓰지 않는 집'을 내려고 했었다. 우선 숯불을 쓰지 않으면 인건비가 줄어든다. 가스불로 조리해도 맛이 나는 고기를 떠올리다 삼겹살은 너무 경쟁자가 많다고 생각해 소고기로 메뉴를 정했다. 소고기 부위 중 차돌박이를 후보 메뉴로 삼고 보니 시중에서 영업 중인 가게는 전부 비싼 전문점밖에 없었다. 좋은 기회라고 생각했다. 저렴한 가격으로 틈새시장을 노렸다. 단 저렴해도 반대급부를 노려야 한다. 손님이 좋아할 이유를 만들지 못하면 오히려 저렴한 가격은 발목을 잡을 수 있다.

1993년에 나는 대패삼겹살로 상표 등록을 했다. 그런데 이미 외식업계에는 모돈母豚을 써서 대패삼겹살을 1인분에 1000원 혹은 1500원에 파는 고깃집이 있었다. 심지어 간판에 가격을 써놓기까지 했다. 대패삼겹살 1인분에 1000원이니 장사가 잘될 수밖에 없었다. 그런데 예상과 달리 오래가지 못했다. 식구들과 함께 가기에는 다소 꺼려지는 모양새였기 때문이다. 간판에 적힌 1인분의 가격이 굉장히 저렴함을 알리는 장점이기도 했지만, 가게에 앉아 있을 때 느껴지는 남들의 시선이 남모를 불편함을 줬던 것이다. 어쩌면 그 가게에 가야만 하는 이유를 가격 이외에 하나 더 만들어줬다면 정말 잘됐을 것이다. 이처럼 식당을 찾는 이유가 싼 집이라는 이유 하나라면 그 집은 오래가지 못한다.

한편 소고기나 돼지고기처럼 대중에게 친숙한 육류가 아닌 메뉴를 생각하고 있다면 그 메뉴만의 장점과 대중적으로 접근하기 위한 방법을 더욱 분석해야 한다. 특히 오리고기는 여전히 대중화된 육류로 보기 어렵다. '7분 돼지김치' 역시 누구나 한 번쯤 먹어봤을 테니 지겨울 거라고 생각하겠지만 사실 아직도 먹어보지 않은 사람이 더 많다. 또한 오리는 불포화지방산을 함유하고 있어 몸에 좋은 육류라는 분명한 장점이 있다. 단점이라면 비싼 음식이라는 인식일 것이다. 오리고기만의 장점을 부각시켜 대중화를 이끌어내려면 무엇보다 가격이 저렴해야 한다. 하지만 삼겹살처럼 아무 때나 쉽게 먹을 수 있는 메뉴가 아니라 특식에 가까운 것이 현실이다. 물론 삼겹살도 싼 음식은 아니다. 요즘은 1인분에 16000~20000원을 받는 곳도 등장했다. 의외로 오리고기가 10000원 이하인 곳도 있다. 그저 고정관념과 인식의 문제다.

한번은 의정부에서 오리고깃집을 하는 지인이 장사가 갑자기 잘 안된다면서 도움을 요청했다. 분당에서 오리고깃집이 잘되는 것을 보고 과감하게 가게를 냈다가 처음에만 반짝하더니 금세 시들해지고 말았단다. 가게를 찾아가 찬찬히 둘러보니 우선 식당 이름이 눈에 들어왔다. 또 식당 기둥에 특식 메뉴로 '쌈밥정식 1인분 ××××원'이라는 광고지가 붙어 있었다. 그날 나는 지인에게 오리고기보다 쌈밥을 주메뉴로 크게 홍보해서 팔라는 조언만 해주고 돌아왔다.

얼마 후 지인은 다시 날 찾아왔다. 매상이 껑충 뛰었다면서 다시 오리를 팔고 싶은데 묘안이 없느냐고 물었다. 원래대로라면 오리 한 마리에 39000~45000원 정도의 가격을 받는다. 한 마리면 넷이 먹을 수 있는 양이니 1인분에 10000원꼴이다. 1인분의 가격만 놓고 보면 쌈밥정식도 비슷한 수준이다. 1인분에 10000~12000원 정도 받는다. 손님 넷이 와서 4인분을 시키면 40000원이 훌쩍 넘는 가격이다. 비슷한 가격대이지만 쌈밥정식 1인분을 기준으로 가격을 적어두다 보니 오리고기가 상대적으로 비싸 보인 것이다. 이렇게 가격과 착시 효과에 영향을 받는 메뉴라면 그 지역에서 메뉴에 대해 어떻게 인식하고 있는지를 점검해봐야 한다.

오리고기처럼 비싼 메뉴라는 인식이 강하다면 가격을 경쟁력으로 삼아야 한다. 1인분씩 나눠서 팔 수 있다면 가급적 판매 단위를 쪼개는 것이 유리하다. 그리고 우선 간판에 가격을 적어 알리는 것도 좋은 방법이다. 3000원이나 4000원의 차이가 매상에 당장 영향을 주지 않는다 해도 가격이 저렴하다는 인식을 손님들에게 심어주면 자연스럽게 매상은 오르기 마련이다. 음식을 파는 사람 입장에서는 1인분씩 팔면 매상을 올리기 좋다. 이때 여러 메뉴를 섞어서 시킬 수 있도록 준비해야 한다. 양념한 것, 맵게 양념한 것, 양념하지 않은 것 등으로 메뉴를 세분화해 1인분씩 4인분을 시켜 섞어 먹게 만드는 것이다.

지인에게도 오리고기 메뉴를 모둠으로 만들어보라고 했더니 손님들로부터 좋은 반응을 얻었다고 한다. 이런 생각이 대단한 것일까. 손님 입장에서 생각해보면 간단하다. 1인분에 10000원이라면 넷이 와서 3인분을 시켰을 때 오리 한 마리를 시킨 것보다 저렴하다. 그런데 손님들은 대부분 3인분을 시키고서 나중에 추가로 2인분을 시킬 때가 많다. 싸게 많이 먹을 생각으로 적게 시키지만 결국 사람 수보다 많이 시키게 된다. 이처럼 주인은 손님과 끊임없이 두뇌싸움을 해야 한다.

손님을 끌어올 것인가, 원가율을 잡을 것인가

어렵사리 식당에 딱 맞는 메뉴를 정하고 나면 많은 사람이 오래 찾길 바란다. 하지만 식당 운영을 위협하는 외부 요인에도 불구하고 마냥 버티면서 가격을 유지할 수는 없다. 어쩔 수 없이 가격을 올려야 할 때가 온다. 돼지국밥집을 운영하던 점주가 손익률에 대해 물은 적이 있다. 물가가 오른 것을 고려해 6000원을 받는 국밥을 어쩔 수 없이 8000원으로 올렸는데, 과연 옳은 선택이었는지 알 수 없어 힘들다고 했다. 마진율을 얼마나 잡아야 할지도 모르겠다며 하소연했다. 나라면 처음 프랜차이즈를 만들 때 원가를 따지지 않고 일단 손님 입장에서 가격 대비 만족도를 높일 수 있도록 만든다.

지금도 새로운 메뉴를 만들 때는 먼저 머릿속에 떠오르는 음식을 만들어보고 어울리는 비주얼을 그려본다. 그런 다음 손님 입장에서 '이 정도면 좋아!' 하는 선에서 가격을 책정한다. 원가 대비 합당한 가격대를 찾는 것은 그다음 문제다. 음식의 가격은 손님 만족도가 최우선이다.

예전에는 이 모든 과정을 나 혼자 결정했다. 일단 음식을 만들고 맛이 있으면 '얼마에 팔까? 한 3000원이면 되겠지' 하고 정했다. 참고로 '백종원의 원조쌈밥집'을 운영한 지 30년이 됐지만 해물쌈장은 처음 가격에서 1000원밖에 올리지 않았다. 벌써 몇 번은 가격을 다시 매겨야 했지만 회사 차원에서 좋은 재료를 저렴하게 구하고 있어 품질과 가격을 변함없이 유지할 수 있었다. 이제는 직원들이 메뉴를 개발하면 조리개발팀에서 손님들에게 팔 수 있는 적절한 원가를 계산한다. 식당을 운영하는 사람이라면 자신이 개발한 메뉴의 원가를 계산하고 재료를 수량화해 소스로 만드는 일까지 할 수 있어야 한다.

원가율은 장사를 하면서 정말 많이 고민되는 부분이다. 이상적인 식자재 원가율은 35퍼센트 이내다. 정말 가격이 높다면 37퍼센트까지는 가능하다. 공부라면 죽어라고 싫어하던

나였지만 식당을 운영하면서 원가율은 꼭 알아야 하기에 수많은 시행착오를 겪으며 알아낸 수치다.

내가 처음 시작할 당시 외식업 관련 선배들은 나에게 원가율을 27~28퍼센트에 맞춰야 한다고 알려줬다. 문제는 메뉴 가격을 한없이 올릴 수 없으니 일단 5000원짜리 음식을 만들고 원가율을 27~28퍼센트에 맞추면 희한한 음식이 나올 수밖에 없다는 것이다. 4500원짜리 우동이라도 손님 입장에서는 튀김 고명이 하나라도 올려져 있거나 하다못해 튀김 부스러기라도 몇 개 있어야 가격 대비 만족감이 든다. 그런데 이렇게 만들려면 원가율이 40퍼센트를 훌쩍 넘는다.

만약 원가를 고려하지 않는다면 그냥 무조건 시작하면 된다. 손님이 무조건 많이 오기만 하면 된다고 생각하면 말이다. 하지만 제아무리 매상이 올라도 이익이 제대로 남지 않으면 손님이 줄을 길게 늘어서도 아무 소용이 없다. 자신이 만든 음식의 마진을 얼마나 잡을지에 대해 각자 기준을 갖고 있어야 한다. 그런 다음 손님을 많이 끌어오는 게 먼저인지, 가게를 유지하는 적정 마진을 먼저 생각할 것인지를 정해야 한다. 그러므로 메뉴를 정할 때 가격이 이미 형성된 메뉴라도 원가 대비 마진율이 높지는 않은지 따져봐야 한다. 어디든 틈새시장은 있기 마련이다. 누구나 알아채지 못하는 작은 차이를 발견해낼 때 돈이 보인다.

맛집의 인기가 금방 사그라드는 이유

사람의 심리를 안다는 것은 결국 소비자가 무엇을 원하는지 안다는 것이다. 식당 경영도 마찬가지다. 결국 손님이 원하는 맛을 찾아내야 한다. 일반적으로 대중은 약간 기름지고 강한 맛을 좋아한다. 식당의 메뉴로는 평균치에서 살짝 강한 맛이 가장 적합하다. 흔히 사람들이 "이 집 맛있어"라고 표현할 때의 '맛'에는 음식 맛뿐만 아니라 분위기, 서비스, 가격 등 등도 포함돼 있다. 내가 자주 하는 이야기로, 음식 맛은 식당을 기억에 남기는 데 있어서 30퍼센트 정도밖에 안 된다. 오히려 식당의 다른 요소들이 기억으로 남는다. 더구나 맛도 시대의 흐름에 따라 변한다. 식당 사장인 자신의 입맛에만 맞는다고 해서 맛있는 음식이 아니다. 그것이 바로 '소비자의 심리'를 읽어야 하는 이유다.

음식 맛이 식당 평가를 좌우하는 데 미치는 비중은 30퍼센트 정도다. 하지만 꼭 수치화해 생각하지 말라. 식당이라면 당연히 음식이 맛있어야 한다. 그게 기본 조건이다. 다만 식당을 평가할 때 맛만 평가되는 것은 아니므로 다른 요소들까지 신경 써야 한다는 의미다. 맛없는 음식을 내는 식당에서 인테리어만 화려하게 꾸민다고 해서 손님의 마음을 사로잡을 수는 없듯 맛은 물론이고 인테리어, 친절, 청결, 독특함, 음식의 플레이팅, 스토리 등의 나머지 부분까지 손님의 마음을 사로잡을 수 있는 전략이 있어야 한다.

시대가 변하는 과정에서 소비 심리도 바뀐다. 예전에는 단순히 끼니를 해결할 목적으로 식당을 찾았다면 요즘은 단순히 음식을 먹기 위한 목적 외에도 식당을 찾는 다양한 이유들이 있다. 특히 맛있는 밥을 먹는 것 이상으로 자신이 다양한 맛집도 알고 있다는 사실을 주변으로부터 인정받고 싶어 하는 심리가 강하다. 맛스타그램에 열광하는 흐름도 이 때문이다. 장사로 성공하려면 돈을 쓸 사람이 자신의 가게에 찾아올 만한 이유를 만들어내야 한다.

사람들은 식당을 찾기 전, 혹은 메뉴를 고르면서 머릿속에서 일단 계산을 시작한다. 돈을 이만큼 지불해도 그곳에 가서 음식을 사 먹는 게 나에게 이익이 된다면 그곳이 어디라도 찾아간다. 반면 나에게 이득이 되지 않는다면 없는 이유라도 찾아내 핑계를 만드는 것이 사람의 심리다.

한동안 서울 모처의 ○○○길이 폭발적으로 인기를 끌었던 적이 있었다. 소위 '힙한' 골목이라는 소문이 퍼지면서 사람들이 몰리기 시작하자 그 주변으로 식당들이 우후죽순 생겨나기 시작했다. 사람이 사람을 부르더니 너도나도 그 길을 찾았다. ○○○길을 찾는 이유는 지극히 단순했다. 그곳에 있는 자신의 모습이 문화를 선도하는 사람 같은 느낌을 주기 때문이다.

그런데 한순간 ○○○길의 인기는 연기처럼 사라지고 그렇게 많았던 식당들도 하나둘씩 없어졌다. 평일이고 주말이고 사람들로 붐볐던 그곳을 더 이상 찾지 않는 이유는 무엇일까? 가장 큰 이유는 바로 가격이었다. 사람들이 점차 가성비를 고려하고 음식에 비해 너무 비싸다는 생각을 하기 시작하면서 굳이 찾지 않게 된 것이다.

지금도 '핫플레이스'로 떠오르는 곳은 트렌드에 민감한 사람들이 찾아와 북적인다. 하지만 아무리 인기 있는 장소라도 그 인기를 오랫동안 유지하기란 쉽지 않다. 시간이 흐르면서 다른 핫플레이스가 생기기 마련이고, 많은 사람에게 익숙해지면서 더 이상 트렌디한 장소로서의 흥미를 잃게 된다. 게다가 조금만 더 시간이 흐르면 다들 가성비를 따지게 된다. 그만큼 급변하는 소비자의 심리까지도 읽을 수 있어야 장사로 성공할 수 있다.

누군가 식당으로 성공했다면 소비자의 심리를 잘 읽은 것이라고 생각해도 된다. 만약 자신의 가게가 들어설 지역을 정했다면 주변 지역의 구성원이 누구인지부터 찾아야 한다. 맛집 거리로 소문난 곳에서도 잘되는 집과 안되는 집은 있기 마련이다. 맛집을 찾는 주타깃이 누구인지, 그들이 주로 어디에 사는지 한 번이라도 생각해보길 바란다. 그야말로 하나부터 열까지 소비자의 심리를 읽는 싸움이 아닐 수 없다.

컴플레인 하는 손님과
불친절한 직원 다루는 법

손님들은 은연중에 가게를 평가한다. 6000원짜리 국밥을 먹으면서 서비스는 1만 원짜리와 비교한다. 그래서 '서비스가 별로다', '왜 국물이 리필되지 않느냐', '고기가 질기다'

등 다양한 불만을 표출한다. 그런 손님들에게 어느 가게와 비교하는지 물으면 십중팔구 더 높은 가격을 매긴 가게를 댄다.

동네 한구석에서 할머니가 운영하는 샌드위치 가게가 있다 치자. 샌드위치를 사 먹다가 쿠킹포일 같은 게 나왔다고 해서 대놓고 항의하는 사람은 거의 없다. 대부분 속으로 '오늘은 재수가 없네' 하고 넘긴다. 그 이유가 뭘까? 바로 가격이 저렴하기 때문이다. 손님의 만족도는 이미 저렴한 가격으로 채워졌다.

'홍콩반점0410'도 프랜차이즈로 론칭하고서 한동안 홈페이지에 다양한 컴플레인이 올라왔다. 그중 한 사연이 내 눈을 사로잡았다. 컴플레인을 제기한 사람은 매장에서 짬뽕을 먹고 일행과 잠깐 대화를 나누고 있었는데 점장으로부터 영업을 방해하지 말고 나가라는 말을 들었다고 했다. 그러면서 손님을 그렇게 대접할 수 있느냐며 불만을 드러냈다. 예전 같으면 그런 컴플레인을 접수하고는 불같이 화내며 점장에게 한소리 했을 것이다. 하지만 컴플레인의 내용을 자세히 들여다보니 도저히 있을 수 없는 일이라 생각됐다.

자세한 내막을 알아봤더니 내 직감이 맞았다. 손님이 식사를 다 하고 일행과 대화를 나눈 것은 사실이었다. 그런데 대화를 하면서 테이블에서 일행과 함께 카드 게임을 했던 것이다. 점주로서 당연히 제재해야 할 상황이었다. 지나친 불만 제기를 넘어 거짓 컴플레인이었다.

고객 컴플레인에 대응하는 일은 정말 중요하다. 나는 평소 실시간으로 고객 컴플레인들을 직접 확인하곤 했다. 본사 메일로 들어오는 각 직영점과 가맹점의 고객 컴플레인뿐만 아니라 SNS에 올라온 매장 방문 후기와 댓글도 점검해왔다. 그리고 우리가 관리하는 매장들에서도 컴플레인에 '즉각 대응'하는 것을 규칙으로 삼았다.

먼저 컴플레인이 발생하면 본사 프랜차이즈 담당자가 전화로 고객에게 사과하고, 그 뒤에 바로 매장 점주가 사과를 한다. 그러고 나면 담당자가 컴플레인에 응대하고 처리한 내용을 관계자들과 공유한다. 또 만약 SNS에 매장과 관련된 컴플레인이 올라오면 본사 직원이 곧바로 사과 연락을 취한다.

나는 점주들에게 손님들이 컴플레인을 하면 매장 직원들의 마음을 얻을 수 있는 기회로 활용하라고 조언한다. 본사에 항의하지 못하는 나약한 점주의 모습은 오히려 직원들에게 동정표를 얻는 기회도 되기 때문이다. 컴플레인에 대처하는 가장 좋은 방법은 손님에게 '진심 어린 말'로 건네는 '사과'

다. 반면 금전적인 보상으로 해결하고자 하는 것은 최악의 방법이다. 돈으로 쉽게 무마하려는 모습으로 비쳐 오히려 해가될 수 있다.

누누이 말하지만 고객의 눈높이는 점점 높아지고 있다. 매장을 찾는 고객의 눈높이를 제대로 깨닫고 매장 직원과 손님 사이의 온도차를 최대한 줄여야 한다. 그리고 주인은 절대 불친절하면 안 된다. 만약 직원들이 불친절하다면 서비스 교육을 통해 개선하고 주인이 솔선수범을 보여주면서 전체적으로 개선해나가야 한다. 또 손님을 왕처럼 떠받들어서도 안 된다. 절대로 복종하듯 굽실거릴 필요가 없다. 주인과 가게를 비롯해 먹는 장사와 관련된 모든 것이 조화롭게 균형을 이루는 게 중요하다. 항상 매장 직원들과의 협업과 분위기 쇄신을 최우선으로 생각하라.

잘되는 가게가 궁금하다면 소셜 미디어를 보라

식당을 운영하는 도중에 메뉴를 재정비하기란 말처럼

쉽지 않다. 특히 새로운 음식을 개발하는 것이 아니라 기존의 음식 중에서 정리하는 문제라면 적기가 언제인지 판단하기 어렵다. 예를 들어 다섯 가지 메뉴가 골고루 팔리는 가게가 있다고 하자. 손님들이 고르게 찾는 것과 상관없이 매상이 흔들리기 시작할 때가 있다. 그럴 때 바로 메뉴를 손봐야 한다.

실제로 이런 고민으로 찾아온 분이 있었다. 그분의 가게는 음식의 질은 좋은데 전체적으로 가격이 비싸 저렴한 메뉴를 몇 가지 넣었다고 했다. 그러자 오히려 가장 비싼 메뉴의 매상이 올랐다면서 손님들이 찾지 않는 메뉴를 언제쯤 손봐야 할지 물었다.

아마도 처음에 저렴한 메뉴를 만들고자 했을 때는 장사가 안된다고 판단했을 것이다. 사실 저렴한 메뉴는 가게 문턱을 낮춰주는 역할을 한다. 하지만 막상 손님들은 가게에 들어오고 나면 싼 메뉴보다 더 맛있어 보이는 비싼 메뉴를 선택하곤 한다.

'백종원의 원조쌈밥집' 초창기에도 비슷한 시행착오를 겪었다. 처음에는 쌈밥 메뉴만 판매했는데 1인분 가격을 4500원으로 매겼다. 순두부찌개가 2500원이었고 점심값으로 3000원이면 충분하던 시절이라 한끼에 4500원은 다소 부담스러운 가격이었다. 거기에 삼겹살까지 추가해 먹으면 점심상 1인분에 9000원에 달했다. 조금 저렴한 사이드 메뉴가 있어 야겠다고 생각해 고민하다가 자투리 고기를 넣고 바글바글 끓여 된장을 곁들인 비빔밥을 만들었다. 쌈밥보다 조금 저렴한 3000원에 팔았다.

비빔밥은 출시되자마자 엄청난 반응을 끌어냈다. 기존 쌈밥 메뉴를 선호하던 손님들이 줄어든 것도 아니었다. 당연히 매상이 올랐다. 얼마 후 된장찌개 비빔밥 메뉴를 빼버렸지만 그래도 손님은 줄지 않았다. 오히려 쌈밥 매상이 올랐다. 저렴한 비빔밥이 가게 문턱을 낮추고 손님들을 많이 끌어오는 홍보 효과를 톡톡히 발휘했다.

그렇게 가게가 알려지면서 주메뉴였던 쌈밥이 다시 조명을 받고 매상 상승으로 이어졌다. 손님의 마음을 읽고 영리하게 메뉴를 조정하면 매상을 끌어올릴 기회가 된다. 무조건 밀어붙인다고 장사가 잘되는 게 아니다. 한두 발짝 뒤로 물러설 줄 알아야 다시 더 높이 도약할 수 있는 원리다.

홍보 전단지를 만들 때도 마찬가지다. 신문에 껴서 오는 전단지를 사람들이 어떻게 보는지 생각해보면 간단하다. 일단 전단지를 쓱 훑어본다. 그러다 '공짜', '50퍼센트 세일', '반값',

'무료' 등 글자가 눈에 띄면 유심히 살펴본다. 한번은 직원들이 더본코리아 프랜차이즈 중 0410이 붙은 프랜차이즈에서 진행하는 행사인 '0410데이'를 크게 쓴 홍보 포스터를 만든 적이 있다. 지나가는 사람들이 볼 수 있도록 가게 앞에 붙일 거라고 했다. 그걸 보고 내가 한마디 했다.

"대체 어떤 사람이 지나가다 그걸 보겠나!"

0410데이는 우리 회사 사람이나 아는 이름이지, 일반인이 알지 못하는 문구다. 그래서 이왕 할 거라면 '50퍼센트'나 '반값'이 더 눈에 띄도록 글자를 키우라고 했다.

손님들의 눈높이를 맞추는 데도 시간이 한참 걸린다. 그럼에도 해결 방법은 생각보다 간단할 수 있다. '나라면 어떨까?'라고 생각하는 게 중요하다. 손님들은 절대 광고나 홍보용 안내문을 오래 보지 않는다. 식당 이름을 지을 때도 식별력이 높은 단어를 선택해야 한다.

장사를 하는 사람들은 이러한 일을 그때그때 알아서 대신해줄 사람이 있다면 좋겠다고 생각할 것이다. 나 또한 그와 같은 생각을 했었다. 회사가 커지면서 내 생각을 읽고 함께 일해줄 기획 부서의 필요성이 절실해졌다. 내가 생각이 많다 보니 끊임없이 아이디어를 냈고, 그걸 정리해줄 사람이 필요했다. 정리도 정리지만 내가 오늘 국수에 대해 말했으면 국수 쪽을, 디자인에 대해 말했으면 디자인 쪽을 분야별로 정리해 부서화하다 보니 하나의 팀이 됐다. 팀이 만들어지니 다양한 영업 활성화 방안이 나왔다. 그 안에는 소셜 미디어 활용 내용도 있었다.

초창기에는 소셜 미디어가 뭔지도 몰랐다. 그래서 그걸 뭐 하러 하느냐며 못 하게 했는데 생각보다 파급력이 있었다. 예전에는 식당 홍보라고 해봐야 전단지를 넣는 게 전부였다. 거기에 기자나 칼럼니스트가 방문 후기 기사를 쓰고, 방송국에서 방송을 하면 실로 어마어마한 결과를 낳았다. 지금은 SNS를 통해 맛집을 찾아다니는 사람이 대다수다. 이제 인플루언서가 올리는 게시글 하나가 장사의 성패를 좌우하는 기준이 됐다.

정말 괜찮은 음식을 새로 만들었는데, 서너 달이 지나도록 찾는 손님이 늘지 않는 경우가 있다. 사람들에게 좀 더 제대로 전달이 되면 좋겠다고 생각할 때 SNS로 홍보를 하는 게 훨씬 더 효과적이다. 다만 초반에는 홍보로 인해 사람이 몰리다가도 행사가 끝나면 손님 수가 확 떨어질 수 있으니 이에 대비한 추가 마케팅도 고려해야 한다.

평소 50명 정도 손님을 유지하던 매장에서 SNS 홍보 효과를 보면 갑자기 200~300명의 손님이 들이닥치기도 한다. 행사를 위해 돈을 쓴 만큼 실제 수익은 대단하지 않을 수도 있다. 다만 손님이 그렇게 들면 가게에 활기가 넘치고 에너지가 돈다. SNS 홍보를 통한 매상 효과는 단기적으로만 활용하면서 왜 그동안 매상이 좋지 않았는지 이유를 빨리 파악해야 가게 운영에도 도움이 된다.

본사와 가맹점은 상생 파트너

먹는 장사만큼 순간순간 치열한 업도 없다. 계절 이슈나 그때그때 유행하는 재료나 레시피에 맞춰 끊임없이 메뉴를 업그레이드해야 살아남을 수 있다. 고객이야 그만큼 선택지가 많아 좋지만 그렇게 단골이 된 사람들도 한순간에 떠나버릴 수 있으므로 한시도 마음을 놓을 수 없다. 그런 면에서 프랜차이즈는 뛰어난 노하우가 없어도 가맹 본부에서 제공하는 레시피와 양념으로 일정한 맛을 낼 수 있도록 시스템화되어 있다는 장점이 있다. 요리와 재고 관리, 손님을 대하는 자세 등 노하우를 본사에서 직접 전수해주니 일일이 문제를 해결하려 애쓰지 않고 중요한 점만 배울 수 있다. 더구나 가맹점주가 열정적이라면 외식업에 더 쉽게 적응하고 더 빨리 배울 수 있다.

장사하면서 맞닥뜨리는 위험 요소를 빨리 알아차리는 것 역시 프랜차이즈의 장점이다. 그래서 프랜차이즈 점주 연수나 교육을 할 때마다 꼭 집어서 당부하는 부분이 있다. 바로 보상 심리 조절이다. 식당은 음식뿐만 아니라 음식을 파는 사람의 감성과 서비스 마인드까지 함께 제공하는 감성 장사라고 생각한다. 장사를 하다 보면 감정 소모가 아주 많고 상처도 많이 입는다. 음식을 만드는 게 좋고 사람을 만나는 게 좋아서 시작했다가 막상 손님들의 막말이나 매너 없는 행동에 상처 입고 후회하는 사람도 많다. 그렇게 열심히 해서 어느 정도 사업이 궤도에 오르면 사람들은 과도한 소비나 유흥으로 그동안 손해 보고 상처 입은 내 감정에 대한 보상을 받고 싶어 한다. 하지만 나는 그런 사람들을 보면 초심을 잃었다고 표현한다.

누구나 가게를 개업할 때는 적자만 안 나도 다행이라는

마음으로 열심히 한다. 장사가 안돼 자포자기하는 사람도 있지만 잘되면 언제 그런 소박한 희망을 가졌냐는 듯 나태해지는 사람도 있다. 점점 자기 대신 앞세울 누군가를 찾게 된다. 손님 접객에도 다른 사람을 세운다. 더 이상 감정적으로 상처받기 싫기 때문이다. 프랜차이즈 점주들한테 그러지 말라고 아무리 이야기해도 똑같은 과정을 겪는다.

나도 처음에 멋모르고 식당일에 덤볐다가 어느 정도 잘돼 가게가 한두 개 늘어나자 한눈을 팔았던 적이 있다. 경영자가 되면서 관리만 하다 보니 점차 매장 관리에 소홀해졌다. 그역시 보상 심리였다. 결국 매장들이 어려움에 처하고 말았다.

그런가 하면 치킨 프랜차이즈 같은 식당은 대부분 생계형이 많다. 대부분 부부가 함께 일하는 형태다. 영업시간 전에 출근해 부인이 닭을 튀길 준비를 하면 남편은 매장을 정리하고 배달을 나간다. 매일 저녁 늦게까지 그렇게 일하고는 지친 몸을 이끌고 퇴근한다. 영세한 매장들은 그날그날 정산을 하지만 일정 수준 이상의 규모가 되면 그날그날 판매했던 돈을 차곡차곡 쌓아서 월말 정산을 한다. 장사를 하는 데 들어가는 비용을 다 지출하고 얼마나 남았는지를 정산하는 것이다. 하지만 매일매일 돈이 순환되지 않으면 그대로 쓰러지고 만다.

장사가 잘돼 보상 심리가 생긴 점주든 생계형 프랜차이즈를 꾸려나가는 점주든 모두 본사와 함께 장사가 잘되기를 바라는 마음은 같을 것이다. 내가 프랜차이즈 사업을 시작할 때도 그와 같은 마음이었다. 그리고 외식업에 뛰어들고 싶지만 경험이 부족한 사람들에게 검증된 서비스와 매뉴얼화된 레시피 그리고 이미 자리 잡은 브랜드를 제공함으로써 열정만 있으면 일할 수 있는 기반을 만들어주면 된다고 생각했다. 그렇게 점주들이 돈을 더 벌 수 있도록 도와주면 된다고 생각했다.

　　결국 점주도 본사도 자신들의 프랜차이즈 브랜드에 대한 충성도를 바탕으로 상생하는 자세로 각자의 역할을 충실히 수행해야 원만하게 자리를 잡아갈 수 있다. 프랜차이즈는 어느 정도 장사를 제대로 시작할 수 있도록 본사에서 윤곽을 잡아주는 것뿐이다. 소규모의 골목식당은 기댈 곳이 아무 데도 없지만, 프랜차이즈는 기댈 데가 있다는 차이가 있을 뿐이다. 즉 프랜차이즈는 개인 과외처럼 매번 상황에 맞는 솔루션을 제공할 수는 없지만 창업이라는 큰 목표를 이루는 시작을 돕는 입시 학원과도 같은 역할로 생각하면 된다.

홍콩반점 0410
SINCE 2006

홍콩반점

가격의
거품을 빼고
맛과 정성
그리고
정직함으로
채웠습니다.
홍콩반점

홍콩반점

홍콩반점   홍콩반점   홍콩반점

홍콩반점

4장

___

외식업으로
도약

내 꿈은 프랜차이즈 매장 수를 1만 개 이상으로 늘리고 매장 수 감소가 더 이상 없는 경지에 이르는 것이다. 그 정도가 되려면 프랜차이즈로서의 존재 가치를 넘어 '저 음식점에 먹으러 가는 게 나한테 유리해'라는 생각 자체가 사람들의 뇌리에 박혀 있어야 한다. 만약 사장이 초심을 잃는다면 당연히 손님들에게 좋은 음식과 서비스를 제공할 수 없다. 과잉 친절로 손님을 응대하라는 게 절대 아니다. 자신의 가게를 자주 찾는 손님이 있다면 안면을 트고 가급적 손님의 취향을 기억했다가 그에 상응하는 서비스를 제공하는 정도면 된다. 우리나라도 국민 수준이 전반적으로 높아져 외식업에 종사하는 사람들을 대하는 태도가 많이 바뀌었지만 여전히 무례한 요구를 하고 짓궂게 구는 손님들이 있다. 이런 상황을 맞닥뜨리는 게 싫어서 주방으로 피하는 사장도 있다. 손님을 마주하고 싶지 않은 사람이라면 장사를 해선 안 된다. 장사의 시작과 끝은 누가 뭐라고 해도 손님을 상대하는 것이다.

후발 주자를 위한 대박 추월 차선

대로변에 쭉 늘어선 모든 식당들이 '원조'라는 간판을 붙이고 장사하는 경우가 많다. 장사가 잘되는 집 대부분은 원조집이다. 원조집 주변에서 장사를 해야 한다면 원조집과 똑같이 하면 실패하지 않는다. 그런데 후발 주자라는 이유만으로 하나라도 차별화하려고 한다. 우리집이 원조집보다 낫다는 걸 보여주고 싶기 때문이다. 하지만 섣부른 생각이다. 기본은 원조집과 똑같이 가되 원조집과의 경쟁에서 이기려면 '시간'이 필요하다. 짧은 시간에 원조의 내공을 따라잡으려고 하면 안 된다. 여기서도 욕심을 버려야 한다.

대박 난 집 옆에서 창업을 하는 순간, 원조 논란에서 자유로울 수 없다. 그럼에도 장사를 시작하려 한다면 원조집에서 남긴 것을 하나라도 얻는 데서부터 시작해야 한다. 줄이 너무 길어 지친 손님이라도 찾아오길 바라야 한다. 그러기 위해서는 원조집과 거의 똑같은 메뉴로 장사를 해야 한다. "원조집 옆집에 가봤더니 똑같아"라는 말을 듣는다면 가장 성공한 케이스다. "이 집은 뭘 더 줘"라는 반응은 손님을 끌어오고자 하는 주인의 마음과 달리 손님들에게 '아, 여기는 뭐가 부족해서 더 주나 봐'라는 인상만 심어줄 뿐이다.

원조집과 똑같이 하되 반 발만 앞서면 된다. 손님이 원하는 바를 알은체할 때 가장 반응이 빠르다. 음식의 차별화보다 손님에게 최선을 다하는 게 좋다. 원조집이 쌈밥집이라면 똑같은 쌈밥을 주더라도 쌈을 한 장씩 더 주면 된다. 쌈의 종류를 늘릴 필요도 없다. 똑같은 쌈장을 만들어주더라도 양을 많이, 쌈 종류도 똑같은 것으로 한 장씩 더 주면 된다.

후발 주자가 잘하는 실수가 바로 메뉴 구성에서 한두 개를 더 추가하는 것이다. 차라리 테이블을 줄이고 손님을 덜 받는 한이 있더라도 똑같은 메뉴 구성에 쌈을 한 장씩만 더 주면 충분하다. 밥이나 반찬을 똑같이 구성하더라도 양을 더 내주면 된다.

먹자골목에서 원조집만 손님으로 가득 차 있고, 옆집은

비어 있는 모습을 본 적 있을 것이다. 대체로 그런 경우는 반찬 구성이 다르다. 물론 확실하게 자리를 잡아 넘볼 수 없는 가게 옆에서는 장사를 하지 않는 게 좋다. 웬만한 맛과 노력으로는 원조집을 뛰어넘기가 정말 어렵다. 그래도 굳이 경쟁을 해야 한다면 치밀한 계획을 세우고 기다리라. 장사 초반에는 팔지 못해 남은 재료를 버릴 각오도 해야 한다. 절대로 식재료가 남는다고 해서 다른 음식을 만들지 말라. 그리고 적은 테이블에서 시작해 서서히 늘려가는 전략을 세워야 한다.

안정적인 식당 운영을 위한 장기 계약

나는 처음부터 프랜차이즈를 하려고 장사를 시작했던 것은 아니다. 식당을 차려서 돈을 많이 벌고 싶어 다른 사람보다 더 많은 시행착오를 겪으면서도 중도에 포기하지 않았을 뿐이다. 그러다 보니 자연스레 장사가 잘되는 순간을 맞았다. 브랜드가 점차 커지면서 매장 수가 늘자 나 혼자 관리하는 게 마음처럼 쉽지 않았다. 매장이 서로 멀리 떨어져 있다 보니 직원들을 파견해 관리하게 했다. 그런데 내가 직접 운영할 때와는 확실히 차이가 났다. 직원들이 자리를 비울 때가 많았고, 손님들로부터 직원이 불친절하다는 말도 들었다. 인센티브도 적용해보고 월급도 늘려봤지만 결국에는 제자리걸음이었다. 그러다 '자기 가게라면 생각이 달라지지 않을까?' 싶었다.

내가 직영으로 운영하면서 내 틀에 시스템을 맞추느라 서로 힘들어하기보다 자기 가게라고 믿고 맡으면 스스로 열심히 하리라 판단한 것이다. 그러던 중 쌈밥집을 시작해보겠다는 사람이 찾아왔다. 그분이 차린 평촌의 쌈밥집은 제대로 자리를 잡아 돈을 정말 많이 벌어다줬다. 비록 완전한 형태의 프랜차이즈는 아니었지만, 내가 공급하는 삼겹살 재료를 받아 갔다. 옆에서 지켜보니 영업도 잘하고 관리도 잘해서 매상이 꽤 괜찮았다. 그 모습을 보면서 정말로 가게마다 주인이 직접 꾸려나가야 잘된다는 걸 확실히 느꼈다. 그때부터 프랜차이즈를 해야겠다고 마음먹었다.

딱히 프랜차이즈에 대한 전문 지식을 쌓고자 공부한 것은 아니었다. 다른 프랜차이즈를 보니 점주와 계약하고 점주에게 식자재나 소스를 시중 가격보다 비싸게 파는 방식으로 운영하는 곳도 있었다. 인테리어와 장비도 마찬가지였다.

막상 내가 프랜차이즈 사업에 뛰어들고 보니 인테리어

나 장비가 아니면 어디서 돈을 벌어야 할지 고민됐다.

　우선 본사에서 인테리어나 장비는 물론이고 식자재로 많이 남기지 않기로 했다. 그러기 위해서는 내가 좋은 식자재를 더 싸게 구입해야 했다. 식자재를 한 번에 10개를 구입하는 것과 1000개 구입하는 것은 단가가 다르다. 하지만 이 정도만으로는 한계가 있다. 그보다 더 싸게 구입해야 가맹점주가 개인적으로 구입하는 것보다 더 싸거나 최소한 같아진다. 질 좋은 식자재를 자신이 사는 가격과 똑같은 가격에 구입할 수 있으면서 가게에 배달까지 해준다면 누구라도 마다할 리 없다.

　본사도 먹고살고 점주도 만족하는 가격으로 식자재를 공급받으려면 어떻게 해야 할까? 그 해답은 바로 장기 계약이다. 물건을 파는 사람이라면 누구나 안정적인 판매를 원한다. 예를 들어 무 농사를 짓는 농부와 프랜차이즈 본사가 올해 수확물에 대해 밭떼기로 개당 500원씩 계약했다고 생각해보자. 막상 수확할 때가 되니 무가 풍년이라 개당 가격이 50원으로 폭락하면 무를 사려던 사람이 계약을 파기하려 할 것이다. 반대로 가격이 5000원으로 폭등하면 농부가 계약을 파기하려 한다. 하지만 5~10년씩 장기 계약을 맺으면 문제없다. 흉년이든 풍년이든 상관없이 장기 계약을 맺어 본사가 평균 가격으로 사들이면 서로 이익이 되기 때문에 절대 계약을 파기하지 않는다.

공장 시스템을 가진 거래처도 마찬가지다. 많은 양의 김치가 필요하다고 해서 김치 공장을 찾아가 당장 계약을 하자고 해도 싼 가격에 원하는 물량을 공급받기가 쉽지 않다. 1년 분량을 계약했다가 프랜차이즈 회사가 갑자기 망해버리면 내년부터는 팔 곳이 없기 때문이다. 하지만 계약 기간이 10년이면 말이 달라진다. 김치 공장에서는 시설을 하나 더 늘려서라도 공급하려 할 것이다.

결국 일시적인 대량 계약보다는 안정적인 장기 계약이 식자재를 가장 저렴하게 구입할 수 있는 방법이다. 이를 알면서도 실행하기 어려운 이유는 회사 입장에서 가맹점 유지가 어렵기 때문이다. 예를 들어 5~10년 장기 계약을 맺었는데 가맹점 수가 갑자기 줄어들면 방법이 없다. 그래서 본사는 가맹점 유지에 최선을 다해야 한다.

내가 생각하는 가맹점을 유지하기 위한 방법은 두 가지다. 첫째, 가맹점이 계속 돈을 벌 수 있도록 시스템을 구축한다. 본사 마진을 줄이는 방법도 여기에 포함된다. 둘째, 다양한 브랜드를 만들어 유지한다. 계란을 한 바구니에 담지 않듯 더본코리아에서는 다양한 외식 브랜드를 만들어 생각지 못한 위기가 발생했을 때 브랜드를 보호하려고 노력한다. 닭고기만 다루는 브랜드만 있다면 닭고기 품질을 유지할 수 없는 문제가 불거지면 쉽사리 무너질 것이다. 돼지고기도 마찬가지다.

우리나라 프랜차이즈 식당들은 초창기에 어마어마한 돈을 벌어들였다. 그런데 지금 남아 있는 프랜차이즈 브랜드가 별로 없다. 그만큼 오래 버티기 힘든 시장 상황이다. 지금 내가 준비하고 있는 프랜차이즈들은 주로 소규모 브랜드다. 그리고 갈수록 비싸지는 인건비를 감당하기 위해 점주가 직접 일하지 않으면 안 되는 방식이다. 점주 스스로 일하면서 자신의 인건비를 벌고 투자비의 일부 수익을 가져가는 형태로 생각하면 된다.

프랜차이즈든 개인 식당이든 기반이 튼튼하지 않으면 경기가 조금이라도 휘청거릴 때 함께 휩쓸려버린다. 게다가 우리 사회는 아직 외식업, 즉 음식 만드는 사람들에 대한 이해도를 더 높여야 한다. 손님들은 여전히 식당에 가서는 직원들에게 함부로 대할 때도 있다. 자신의 말과 행동에 상처받는 사람의 입장은 생각하지 않는다. 나는 이런 문화를 더 나은 쪽으로 바꾸고 싶다. 자신의 노고를 제대로 인정받는 사회에서 홀

륭하고 젊은 인재들이 외식업에 뛰어들기를 바란다.

초심은 평생 지켜내는 것

식당 사장들에게 창업한 이유를 물어보면 흔히 이렇게 말한다.

"주위에서 손맛이 좋다는 칭찬 많이 받았어요."
"이 정도 경력이면 이제 내 가게를 시작하는 게 맞다고 생각했습니다."

둘 다 어느 정도 창업하게 된 계기로 일리가 있는 말이다. 식당을 운영하려면 음식을 잘해야 하고 내가 하려는 요리에 어느 정도 내공이 있으면 더없이 좋다. 요리를 하는 사람들은 대부분 '내 가게'를 가지는 것이 꿈이다. 하지만 식당을 차리기 전에는 '성공'을 쉽게 보는 경향이 있다. 그래서 단순히 요리하는 걸 좋아하거나 손맛이 있다는 이유로 쉽게 식당을 창업한다. 반복해서 말하지만 준비 없는 창업은 망하기 쉽다.

성공을 하려면 음식이 맛있어야 하고, 상권이 좋아야 하고, 가성비가 뛰어나야 하고, 단골이 많아야 하는 등 다양한 조건을 갖춰야 한다. 하지만 망하는 데는 단 하나의 이유면 충분하다. 그만큼 식당 창업은 쉽지 않다. 취업 준비에는 몇 년씩 투자하는 것을 당연하게 생각하면서도 창업은 손쉽게 생각하는 사람들을 볼 때마다 안타까운 마음이 든다.

제대로 준비하지 않고 식당 창업에 뛰어든 사람들은 사소한 변수에도 우왕좌왕한다. 식당 운영은 언제 어떤 변수가 생길지 아무도 모른다. 갑자기 주문이 몰려서 순서가 뒤엉켜버리는 바람에 손님의 귀중한 점심시간을 30분 넘게 날릴 수도 있다.

이런 변수들이 생기면 초보 사장들은 당황해 소위 멘털이 나가버린다. 이런 변수들까지 세심하게 대처할 정도의 경험이 부족하기 때문이다. 내가 말하는 창업 준비란 주인의식과 일맥상통한다. 누구도 의지할 상대가 없는 자리가 바로 사장이다. 모든 책임과 결정이 자신에게 달려 있다. 그만큼 외롭고 막중한 역할을 해야 하는 자리다. 자신이 내린 모든 결정에 가게의 성패가 달려 있다고 해도 과언이 아니다.

창업하기로 마음먹었다면 먼저 성공한 가게들을 존중할

줄 알아야 한다. 식당을 대박집으로 운영한다는 것은 그동안 쌓아온 노하우가 있다는 의미다. 사실 한두 달만 직접 식당을 운영해보면 장사가 결코 쉽지 않음을 온몸으로 먼저 느끼게 된다. 현실이 녹록지 않음을 깨닫게 되는 순간 차츰 잘되는 식당에 대한 존경심이 생겨나야 정상이다.

나 역시 수많은 경험을 통해 시행착오를 거친 덕분에 깨달은 것들이다. 그동안 대박도 많이 냈지만 엄청난 시련과 좌절도 경험했다. 식당 경영은 다른 어떤 창업보다 오래 버틸 수 있는 인내심과 노력이 필수다. 지금 당장 잘되는 집이라도 순식간에 사그라질 수 있다. 처음과 같은 마음, 시작할 때와 같은 행동만이 오래가는 성공 식당을 만들 수 있는 비결이다.

식당을 시작하면서 밥 위에 달걀프라이를 서비스로 얹어주기로 했다면 끝까지 서비스를 유지해야 한다. 바쁘고 손님이 많다는 여러 이유로 어느 순간 처음의 서비스를 없앤다면 사소하다고 생각한 바로 그 이유가 손님을 줄어들게 만드는 도화선이 된다.

성공한 식당은 대부분 초심을 놓지 않는 곳임을 잊지 말아야 한다. 그래서 대단한 것이고 그들의 노력을 존중해야 하는 이유다. 손님들과의 신뢰는 쌓기는 어려워도 무너지는 것은 한순간이다. 잘되는 가게의 외형만 보지 말고, 손님을 향한 그들의 노력이 얼마나 대단한지 창업하기 전에 꼭 배워야 할 것이다.

사장의 모든 결정은
손님의 혜택으로 향해야 한다

〈백종원의 골목식당〉 방송을 하면서 튀김덮밥집을 운영하는 젊은 초보 사장을 만난 적이 있다. 처음에는 식당 창업을 해서 음식만 만들어 팔면 된다고 생각했는지, 남자친구를 끌어들이고 엄마의 도움까지 받아 시작했다. 하지만 말만 사장이지, 정작 문제가 생겼을 때는 주도적으로 해결하려는 의지가 없었다. 사장이면 문제가 발생했을 때 책임지고 스스로 해결하려는 의지와 행동을 보여야 한다. 창업을 하고 나면 아무리 사소한 부분이라도 결정해야 할 일들이 쉴 새 없이 많이 일어난다. 더구나 문제는 한 번에 하나씩 순서대로 일어나지 않는다.

폭우가 쏟아지던 어느 날, 튀김덮밥집에도 그런 일들이

한꺼번에 터졌다. 주방에 비가 새는 바람에 화구를 사용할 수 없는 데다 튀김기까지 작동하지 않았다. 처음 당하는 일에 사장부터 정신없이 우왕좌왕하는 탓에 손님들은 아무 양해도 받지 못하고 점심시간 중 35분을 마냥 기다려야만 했다. 더구나 비가 새는 것은 남자친구가 해결했고, 갑작스러운 사정이 있어 음식이 늦어지고 있다는 말을 손님에게 전하는 일은 어머니가 담당했다. 그동안 사장은 주방에서 입으로만 걱정하며 아무것도 하지 않았다. 이런 상황에서 사장은 어떻게 해야 했을까?

문제가 발생하면 사장은 제일 먼저 손님에게 통보가 아닌 양해를 구해야 한다. 직장인에게 딱 한 시간으로 정해진 점심시간은 그야말로 황금 같은 시간이다. 35분이나 음식을 기다리게 한다는 것은 말도 안 되는 상황이다. 사장이라면 일이 벌어진 순간 어느 정도 시간을 예상해 손님에게 그 시간만큼 기다려서 식사를 할 것인지 아니면 다른 곳으로 갈 것인지를 물어보며 양해를 구하는 게 우선이다. 비가 새는 주방도 마찬가지다. 사장 스스로 해결할 방법을 찾아야 한다.

장사를 시작하기 전에는 가게의 모든 것이 제대로 돌아가는지 확인하고 음식 주문을 받기 전에 미리 상황을 파악해야 한다. 만약 주문을 받고 나서 문제가 될 만한 상황을 알았다면 손님에게 조금 더 기다려도 괜찮은지 먼저 물어봐야 한다. 손님이 당연히 기다릴 것으로 생각하고 말하거나 행동한다면 무책임하다는 인상만 남길 것이다.

식당을 운영하면서 메뉴나 그에 맞는 가격 결정은 물론이고, 음식이 늦게 나가게 됐을 때 손님에게 먼저 양해를 구해야 하는 일 역시 사장의 몫이다. 식당에 문제가 터졌을 때 뒷짐 지고 누가 해결해주기만을 기다린다면 사장으로서 자격이 없다. 물론 장사를 시작할 때는 생각지도 못한 상황이고 결정일 수 있다.

무엇보다 사장의 권리만을 누리려고 한다면 자격 미달이다. 사장은 매상과 매장 관리뿐만 아니라 식당에서 일어나는 모든 일을 하나부터 열까지 모두 책임져야 한다. 식당을 운영하며 어려움이 있어도 손님 앞에서는 자신의 감정을 얼굴에 드러내지 않아야 한다. 튀김덮밥집 사장은 다행히 방송을 진행하면서 차츰 진정한 사장으로 변해가는 모습을 보여줬다.

처음 사장이 되고 나면 모든 결정을 나에게 유리하도록 내려도 된다고 생각한다. 가게를 열자마자 한가함을 느낄 새도 없이 바쁘게 돌아간다면 행복하겠지만 사실 그런 경우는

4장 외식업으로 도약

거의 드물다. 그러다 보니 장사가 안되는 상황을 처음 맞닥뜨리면 당황하게 된다. 하지만 그런 순간에도 사장은 끊임없이 가게가 잘 돌아가도록 결정해야 할 일을 살필 줄 알아야 한다.

예를 들어 오늘 가게를 도와줄 사람을 불렀는데, 다음 날이나 그다음 날에는 장사가 형편없이 안된다면 그만 나와 달라고 말해야 하는 난처하고 낯 뜨거운 상황과 마주한다. 매번 결정하는 일도 쉽지 않은데 바로 이런 불편한 순간이 사장을 더욱 힘들게 만든다. 말하기 곤란하다고 한없이 미루다 보면 할 일도 별로 없는데 일하는 직원만 늘어나 인건비가 초과될 수밖에 없다. 이처럼 식당을 위해 무엇이 옳은 결정인지 알아차리지 못하고 쉽게 나서지 못하는 사람들이 있다. 하지만 돈과 관련된 결정일수록 정말 중요하다.

더 쉬운 예를 들어보자. 식당을 운영하려면 식재료가 필요하다. 매일 콩나물 두 박스, 양파 두 망을 주문하다 보면 식재료가 남아 양파가 없어도 되는 날이 있다. 오늘은 양파를 구입하지 않아도 된다는 결정을 해야 하는데, 거래처에 말하기 난처한 결정이다 보니 필요 없어도 그냥 주문하기도 한다. 이러한 결정들을 한두 번 피하다 보면 결국 월말 정산에서 폭탄이 돼 돌아온다. 식당의 메뉴는 철저하게 레시피를 따르며 만들어야 하지만, 흥미롭게도 재고를 점검해보면 양파가 한 망이 들어왔든 두 망이 들어왔든 모두 소진되는 경우가 생긴다. 필요한 만큼의 식재료를 정량으로 구입하고 레시피를 정확히 지키지 않으면 낭비를 부추길 수 있다. 결국 월말 정산에서 마이너스의 결과로 드러날 수밖에 없다.

평소 내가 의지하던 사람들과 같이 일하게 되면 과감한 결정을 내리기가 더 쉽지 않다. 그런 관계로부터 독립해 스스로 리더의 위치까지 오르려면 오랜 시간이 걸린다. 무엇보다 장사를 시작하면 단순히 연장자나 경험자에게 리더를 맡길 것이 아니라 사장 스스로 리더가 돼야 한다. 그래야 식당 내의 위계가 바로 선다.

식당 운영 계획을 세우는 데 익숙해지면 매시간 결정해야 할 일, 주 단위로 결정해야 할 일, 월 단위로 결정해야 할 일, 분기별이나 계절별, 년 단위로 결정해야 할 일들이 보이기 시작한다. 이렇게 세세한 계획을 미리 세워두면 아무리 어려운 결정이라도 한결 쉬워진다. 사장의 감정 상태 때문에 그런 결정들을 미루면 안 된다. 체계적인 경영을 위한 필수 요소다.

4장 외식업으로 도약

적은 마진이 더 큰 마진을 물고 온다

외식업을 할 때는 돈과 관련해 지켜야 할 몇 가지 수칙이 있다. 마진은 줄일 수 있을 만큼 줄여야 한다. 처음에는 힘들지만 그래야 장사의 참맛을 알 수 있고, 장사하는 즐거움을 깨달으며 일할 수 있다. 또 빚을 내어 시작하면 안 된다. 돈이 발목을 잡기 시작하면 장사의 참맛을 느끼지 못하고 돈의 노예가 되기 때문이다. 돈을 버는 것도 중요하지만 밥을 먹고 나가는 손님의 반응을 확인하며 즐길 수 있어야 정말 장사를 좋아할 수 있다. 식당 직원들에게 고마움을 느끼는 손님, 정신없이 바쁜 직원들을 애처롭게 바라보는 손님 등 다양한 손님의 눈빛들을 즐길 마음의 여유가 있어야 한다. 거기에 돈까지 벌면 정말 재미있게 장사를 할 수 있다.

장사를 오래 즐겁게 하려면 원가율을 일일이 따지지 말라. 비빔밥집을 열었다 치자. 처음에는 동네에 있는 시장이나 마트에서 식재료를 산다. 채소는 물론이고 쌀도 전부 슈퍼에서 사다가 사용한다. 시간이 지나 이윤이 조금씩 생기고 손님이 늘면 대형마트에서 재료를 구입하기 시작한다. 손님이 더 늘면 농산물 시장으로 거래처를 옮긴다. 하지만 대량 구매를 하지 않는다면 굳이 농산물 시장까지 가지 않아도 된다. 시간과 동선을 생각하면 동네에서 해결하는 게 더 낫다. 처음부터 스펀지의 물을 다 짜낼지 아니면 천천히 짜면서 장사를 할지의 차이다.

식당을 운영하다 보면 시간이 흐르면서 누구나 어려움을 겪는다. 이때 사장이 고통을 현명하게 견딜수록 남들보다 유리한 위치에 설 수 있다. 인건비나 원가가 계속 상승하면 자연스레 음식값도 함께 올릴 수밖에 없다. 하지만 위기를 기회로 생각하고 직접 부딪치며 해결해나가는 지혜가 필요하다. 틈새 메뉴를 잘 이용하되 가격을 올려 100개 팔아 이윤을 남기려 하지 말고 200, 300개를 팔아 이윤을 남기는 가게로 체질을 개선하면 성공할 수 있다.

나는 처음 장사를 시작할 때 일단 무조건 손님을 끌고 온다는 생각으로 가성비 좋은 음식을 개발하고 가격도 저렴하게 책정했다. 손님들은 '가격이 싼데, 맛도 좋다'고 반응했다. 돈을 많이 벌고 싶다는 생각에 많이 팔아 많이 남길 요량으로 가격을 저렴하게 책정한 것인데 운 좋게도 손님들이 칭찬해주니 계속 저렴한 가격으로 맛을 낼 수 있는 메뉴 개발에 힘쓸 수 있었다.

4장 외식업으로 도약

반면 쌈밥집은 처음부터 가성비가 좋은 메뉴는 아니었다. 된장찌개 백반이 3000원 정도 하던 시절에 쌈밥 1인분에 4500원이었다. 물론 비싼 메뉴라 남는 것이 많아 좋았지만 문제는 다른 데서 터졌다. 상대적으로 비싼 메뉴를 먹으러 온 손님들이 가격에 상응하는 대접을 원했다. 그런 만큼 홀에서의 접대가 문제가 됐다.

주문이나 요구가 많고 다양해지면 홀 담당 종업원들의 스트레스가 쌓인다. 그들의 스트레스가 나에게 고스란히 전달되면서 나는 손님은 물론이고 종업원의 비위까지 맞춰야 했다. 시간이 흐를수록 식당 내에 스트레스가 고스란히 쌓여갔다. 언제 터질지 모를 위태로운 상황을 벗어날 해결책이 필요해 보였다.

손님이 종업원의 서비스 없이도 식당을 찾게 할 수 있는 방법을 고민하다 결국 가격이 문제라는 결론에 이르렀다. 우리 식당에 와서 밥을 먹으면 득이 된다고 손님들이 느낄 수 있다면 별다른 서비스가 없어도 찾지 않을까 하고 생각했다. 내 생각은 맞아떨어졌다. 쌈밥은 물론이고 삼겹살 가격까지 확 내리자 서비스 문제를 지적하는 손님이 확연히 줄었다. 심지어 손님들은 종업원들이 빈 테이블을 찾아주는 것만으로도 고마워했다. 그제야 가성비가 돈을 벌어다주는 비결이라는 걸 깨달았다.

장사는 결국 사람과 사람이 만나는 일이다

식당을 시작하면 장사가 안되는 것도 힘들지만 마음에 상처 입는 일만 못하다. 음식을 팔면서 상처를 받을 일이 정말 있는지 궁금할 것이다. 먹는 장사를 하다 보면 자존심을 구기는 일이 의외로 허다하다. 그래서인지 조금만 돈을 벌어도 보상 심리가 생긴다. 지금 생각해보면 정말 아무 일도 아닌데 자존심을 다친 적이 많다.

먹는 장사는 단지 돈을 버는 과정일 뿐이라는 것을 깨닫기까지 꽤 많은 돈과 시간을 들여야 했다. 전에는 공공연하게 '손님은 왕'이라며 스스로에게 친절을 강요하기도 했다. 간도 쓸개도 빼놓고 임해야 하는 게 장사라는 말이 쓰일 때였다. 당시만 해도 사람들 표정에 워낙 변화가 없으니 반갑게 인사를 건네도 얼굴은 굳은 탓에 손님들도 반응하지 않아 친절을 강조한 것이다.

그녀나 식당 개업이 처음이라면 사장뿐만 아니라 손님도 낯선 상황이다. 그때 상냥한 얼굴로 손님을 받는 건 쉽지 않다. 마음먹고 인사를 했는데 손님이 받아주지 않으면 순식간에 마음은 닫히고 그렇게 하루에 수십 번 상처를 받고 스트레스가 쌓인다.

간혹 장사를 잘하는 사람이 따로 있느냐는 질문을 받는다. 솔직히 말해 천성적으로 장사를 잘하는 사람이 있기는 하다. 사람 만나는 걸 좋아하는 사람이 장사에 유리할 수밖에 없다. 그렇지 않은 사람이 오로지 돈 때문에 장사를 시작하면 그야말로 매일매일이 힘든 과정의 연속일 것이다. 맛있는 요리를 만드는 것이 중요한 만큼 사람을 만나 상대하는 것이 장사의 기본이다. 따라서 장사를 잘하려면 사람을 대할 줄 알아야 한다. 사람을 보는 눈까지 있다면 금상첨화다. 그러니 사람을 만나는 것이 두렵다면 식당의 주방에 취직을 해서 음식만 만드는 게 낫다.

만약 오로지 돈만 벌겠다는 생각으로 장사를 시작하면 손님이 조금만 줄어도 매상이 줄어들까 걱정하고 쉽게 상처를 받는다. 단순히 돈을 벌 목적이 아니라 진심으로 음식 만들기를 좋아해서 장사를 한다면 사람으로 인한 문제가 생각보다 심각한 상처로 와닿지 않는다. 예를 들어 진상 손님을 만나도 오히려 '손님의 성격에 문제가 있구나' 하고 생각할 수 있게 된다. 그리고 장사를 하면서 상처를 덜 받아야 나중에 보상 심리도 덜 생긴다.

물론 이건 이상적인 상황이다. 누구나 돈을 벌기 위해 일을 한다. 지금 우리에겐 '그 무엇'에 해당하는 일이 장사일 뿐이다. 장사란 사람과 사람이 만나야 성립되는 것이므로 사람보다 계산만 앞서는 사람은 장사를 하면 안 된다. 만약 선천적으로 사람을 만나는 게 두려운 사람이라면 후천적으로 훈련을 통해 충분히 개선할 수 있으니 너무 비관적으로 생각하지 않길 바란다.

물론 '나'를 바꾼다는 것은 쉽지 않다. 〈백종원의 골목식당〉을 하면서 분명 눈앞에서는 약속을 다 지킬 것처럼 말하다가 카메라를 철수시키거나 시간이 조금만 흘러도 이전의 모습으로 돌아가는 사람을 많이 봤다. 그동안 살아오면서 익숙해진 습관이나 자신의 본모습을 변화시키는 것은 쉽지 않다. 그럼 어떤 마음을 가진 사람이 장사에 어울릴까? 방송에서 만난 찌개백반집 사장님의 말속에 그 답이 있었다.

4장 외식업으로 도약

"저는 이 일이 너무 재밌고 좋아요. 제가 만든 음식을 앞에 두고 손님들이 밥 한 공기 맛있게 드시고 나가면 너무 행복하고 마음이 편해요."

단골손님들의 식성까지 파악해 더 맛있는 음식을 대접하고 싶어 하던 사장님은 손님을 생각하는 마음과 긍정적인 성격 자체가 식당 운영에 적합한 사람이다. 하루하루의 이익을 우선순위에 두지 않고 '맛있다'는 손님들의 말 한마디에 행복함을 느끼는 모습에서 어떤 마음으로 식당을 운영해야 할지에 대한 큰 깨달음을 얻을 수 있었다.

단골을 부르는 식당의 비밀

내 음식을 먹으러 찾아오는 손님을 기억하는 것은 장사를 위한 좋은 관계 만들기의 기본이다. 당연히 한두 번 온 손님을 모두 기억하기란 쉽지 않다. 일단 손님이 가게로 들어오면 기억이 나지 않더라도 예전에 한 번 본 듯한 표정을 지으면서 "오랜만에 오셨네요"라고 인사하고, 아이가 있다면 "그동안 많이 컸네"라고 말하면서 친근감을 표시하라. 장사의 기본은 메뉴나 맛뿐만 아니라 손님을 응대하는 기본 태도를 갖추는 것이기도 하다.

아마도 내가 식당 사장들을 만나면 가장 많이 하는 말 가운데 하나가 메뉴 수를 줄이라는 조언일 것이다. 창업하는 사장들은 손님이 찾는 메뉴를 모두 갖춰야 장사가 잘될 거라고 착각한다. 실질적으로 가게를 운영하게 되면 메뉴를 짜는 것이 정말 쉽지 않다고 느끼게 된다. 직원으로 일할 때와는 확연히 다르다. 십몇 년 경력을 가진 사람도 가게를 운영하면서 메뉴를 짜보면 그제야 자신이 무엇을 잘못했는지 깨닫곤 한다.

매일 100가지 음식을 파는 식당 사장이 있다고 생각해보자. 그중 90개는 맛있게 잘 만들어 손님에게 좋은 평가를 받고 나머지 음식만 손님으로부터 혹평을 받았다면 자신의 가게가 겨우 10퍼센트만 실패하는 맛집이라고 착각할 수 있다. 하지만 실패한 10가지만 먹어본 손님 입장에서 생각해보면 100퍼센트 실패한 음식을 먹고 가는 셈이다. 그런 날이 계속 이어지면 맛집이라고 해서 찾아왔던 손님을 매일 열 명씩 잃는 꼴이 된다. 가짓수가 적은 메뉴라도 모든 음식에 정성을 기울일 때 모든 손님으로부터 호평을 받을 수 있다.

식당 창업을 하면서 여러 메뉴를 내세우는 이유 중 하나는 경험 부족으로 인해 손님의 패턴을 전혀 상상하지 못해서다. 소자본으로 창업을 하면 대부분 주인 혼자 주문도 받고 요리도 해야 한다. 가게에 테이블을 서너 개 두고 장사를 하는데 테이블마다 두 명씩 들어왔다고 치자. 서로 다른 요리를 주문한다면 동시에 여덟 개의 음식을 만들어야 한다.

여덟 개의 음식을 동시에 만들 수 있을까? 그것도 혼자서 음식도 만들고 서빙도 해야 한다. 제아무리 손이 빠르고 센스가 좋아도 기다리는 손님의 입장에서는 음식을 기다리는 시간이 한없이 길어지기 마련이다. 자신이 주문한 음식을 30~40분씩 기다렸다가 먹는다면 손님의 기분이 좋을 리 없다. 식당에서 받은 좋지 않은 기분은 그대로 맛 평가에도 반영된다. 앞서 말한 대로 식당의 음식 맛은 단순히 맛으로만 평가되지 않기 때문이다.

만약 메뉴를 확실하게 줄여 맛을 최상으로 끌어올린다면 서비스 시간도 줄어들 뿐만 아니라 항상 같은 맛을 유지하기가 쉬워진다. 메뉴 선택의 폭이 정해진 만큼 음식의 맛을 제대로 준비할 수 있는 시간도 길어진다. 또 하나, 메뉴를 줄여야 하는 이유는 우선 식당을 손님한테 알려야 하기 때문이다. 손님에게 가게를 알리는 가장 좋은 방법은 재방문율을 높이는 것이다. 재방문율은 결국 손님이 처음 찾았을 때 얼마나 만족도를 얻어 가느냐에 달렸다.

손님이 재방문을 하는 이유 중 첫 번째는 가게 자리가 좋아서다. 유동 인구가 많은 지역에 식당이 있으면 재방문율이 높다. 매일 찾는 단골은 없어도 유동 인구가 많다면 계속해서 손님이 들어오기 마련이다. 두 번째 이유는 유동 인구가 많지 않더라도 메뉴로 손님들에게 각인이 된 경우다. 〈백종원의 골목식당〉에 출연한 식당 대부분이 유동 인구가 많지 않은 상권에 있었다. 이런 식당들은 메뉴를 널리 알려 충성 고객을 만들어야 한다. 예를 들어 안성 휴게소에 가면 반드시 먹어야 할 음식, 천안 삼거리에 가면 꼭 먹어야 할 음식이 알려져 있는 것처럼 자신의 식당을 찾는 사람들이 먹고 싶어 하는 메뉴가 있어야 한다. 이런 이유들을 따져볼 때 가게의 자리는 창업 초기에 이미 정해지지만, 메뉴는 유동적으로 바꿀 수 있다는 점에서 활용하기 좋은 요소다.

마지막으로 단일 메뉴 위주로 가야 하는 이유는 식당마다 감당할 수 있는 손님의 수에 있다. 식당마다 동 시간에 소화할 수 있는 음식의 양도 정해져 있다. 음식을 내는 속도는 회전율이나 재고 관리, 업무의 반복성으로 인해서 숙달될수록 빨라진다. 메뉴 수를 줄여 반복을 통해 숙달되기만 하면 기술도 늘어나고 음식의 퀄리티도 더 좋아진다.

손님은 결코 종업원이 주문을 받고 음식을 다 만들어 서빙을 끝내기를 기다렸다가 들어와주지 않는다. 네 명의 일행이 친절하게 메뉴를 하나로 통일해 시켜주지도 않는다. 네 명의 일행이라면 각자 네 가지 메뉴를 시켜 나눠 먹는 것을 더 선호한다. 만약 네 가지 음식이 순차대로 하나씩 손님에게 나간다면 주문을 한 손님들도 만족을 느끼지 못하고 음식을 만드는 사람 역시 네 배로 힘이 들 수밖에 없다. 따라서 메뉴를 정할 때는 손님들이 한두 개나 서너 개 정도를 집중해서 선택할 수 있도록 구성해야 한다. 또한 많이 판매되고 있는 메뉴인지 아닌지도 고민해봐야 한다. 무조건 새로운 메뉴로 도전했다가는 실패하기 쉽다. 많이 판매되지 않는 음식에는 그만한 이유가 있다.

식당의 메뉴가 딱 하나여도 곤란할 때가 있다. 만약 주력 메뉴로 안정적인 운영을 할 수 있다는 확신이 들면 그때 비로소 보조 메뉴를 만들면 된다. 방송을 통해 만난 오리주물럭집을 예로 들어보자. 오리고기는 확실하게 호불호가 있는 메뉴다. 주메뉴가 오리고기라면 오리고기를 먹으러 오는 손님만 잘 대접하면 되지 않느냐고 할 수도 있다. 하지만 일행이 모두 오리고기를 좋아하지는 않을 것이다.

이처럼 호불호가 강한 음식이 주메뉴일 때는 보조 메뉴를 준비해 손님들이 선택할 수 있는 폭을 넓혀주는 것이 좋다. 하지만 절대로 주메뉴를 뛰어넘는 보조 메뉴를 만들면 안 된다. 말 그대로 주메뉴를 보조할 수 있는 무난한 메뉴가 좋다. 오리주물럭집의 경우 누구나 선택하기 좋고 무난한 돼지고기 주물럭을 선택했고 가격이나 맛에 있어서도 주메뉴에 영향을 주지 않는 선으로 세팅을 했다.

'홍콩반점0410'도 처음 시작할 때는 메뉴에 짬뽕과 탕수육밖에 없었다. 그러다 군만두가 생겼고 지금은 좀 더 많아졌다. '홍콩반점0410'은 논현동 골목 안에서 처음 시작했다. 골목 안에서 장사하며 유명해진 후 손님들이 줄을 서서 기다렸다가 먹는 것을 보고 프랜차이즈화해 목 좋은 대로변으로 진출했다. 정식 프랜차이즈가 되면 유동 인구가 많은 지역에 매장을 열고 다양한 사람들을 타깃으로 삼아 장사를 한다. 이제는 '홍콩반점0410'이라는 이름만을 보고 짬뽕을 먹으려는 사람이 찾아올 정도로 성장했다.

'새마을식당(肉)' 역시 마찬가지다. 논현동의 먹자골목에서 작게 시작할 때만 해도 메뉴는 '연탄불고기'와 '7분 돼지김치', 단 두 가지였다. 하지만 하나의 브랜드로 자리 잡고 프랜차이즈가 되면서부터 메뉴를 늘렸다. 목 좋은 상권에서 먹힌다면 메뉴를 늘려도 좋다. 물론 일부러 메뉴를 늘릴 필요는 없다. 식당은 재고 관리가 가장 중요하기 때문에 메뉴가 적을수록 유리하다.

손님이 그 식당을 찾아가야만 먹을 수 있는 맛, 상상하고 찾아온 그 맛을 한결같이 느낄 수 있을 때 단골이 생긴다. 맛에 있어서 절대 초심을 잃으면 안 된다고 강조하는 이유다. 욕심을 부리는 순간, 단골은 사라질 것이다.

재투자가 다음 성공의 발판

문을 열자마자 대박이 나는 곳이 있고 처음에는 고전을 면치 못하다가 나중에 대박집으로 거듭나는 곳이 있다. '새마을식당內'은 제일 좋은 자리에도 들어가고 2차 상권에도 들어가 있다. 일부 매장은 초기에 잘되지 않아 힘들어했지만 지금은 높은 매상을 올리며 성공적으로 자리를 잡았다. 반면 처음에 대박쳤던 매장 중에서 오히려 점점 힘들어하는 곳도 있다. 장사가 처음부터 잘되면 1~2년은 불안함에 열심히 하다가도 나중에는 가게가 알아서 잘 돌아갈 거라 생각한다.

식당 사장은 두 부류로 나뉜다. 초기의 성공세에 취해 외제차를 타고 놀러 다니거나 해외여행을 다니면서 나 없이도 당연히 잘 돌아갈 거라고 생각하는 부류, 나처럼 한번 된통 당하고는 계속 열심히 일하는 부류다. 외환위기 때 망한 경험이 없었다면 지금의 나도 없었을 것이다. 한번 망하고 나면 사람이 바뀐다. 제아무리 식당이 돈을 벌기 위한 수단이라지만 반드시 사장이 가게에서 자리를 지키고 있어야 한다.

누구라도 사업을 통해 큰돈을 벌었다면 단꿈에 취해 흥청망청 돈을 쓰기 마련이다. 하지만 돈을 버는 것보다 절약하고 제대로 쓸 줄 알아야 한다. 특히 식당을 운영하면서 버는 돈을 전부 영업 이익으로 생각하는 사장들이 많다. 100퍼센트 착각이다. 일단 가게를 창업한 이후에 전혀 손도 대지 않고 계속 장사를 한다는 것은 말도 안 되는 이야기다. 자신이 번 돈을 절약하라는 말은 반드시 써야 할 곳과 쓰지 않아도 될 곳을 구분해서 잘 쓰라는 이야기와 같다.

간혹 쓸데없는 돈을 쓰지 말라고 하면 아무것도 하지 말라는 것으로 착각하는 사람들이 있다. 사업을 운영하는 데 있어서 반드시 필요한 돈이라면 아낌없이 쓰는 것이 당연하다. 식당도 기업과 마찬가지다. 어떤 회사든 매출액의 일정 부분을 연구개발비라는 명목으로 빼놓는다. 회사를 운영하면서 당연히 챙겨야 하는 부분이다. 문제는 식당을 운영하는 사람 중에서 그렇게 생각하지 않는 이가 대부분이라는 점이다. 그런 사람들은 초기에만 투자를 하고 나면 그 이후부터는 곶감 빼먹듯이 빼먹으면 되는 것이 식당이라고 여긴다. 이건 정말 잘못된 생각이다.

기업에서 연구개발비를 예산으로 따로 정해놓고 있는 것처럼 식당도 수익의 10퍼센트 정도는 따로 떼났다가 재투자를 해야 한다. 형광등이 나가면 갈아주고, 간판등이 나가면 고치는 정도를 재투자로 생각하기 쉽다. 이런 것들은 재투자가 아니라 가게 운영에 필수인 지출이자 단순 소모품 구입이다. 그보다는 수익에서 따로 떼어 적립한 돈으로 시기에 맞게 바꿔줘야 하는 것들이 있다. 식기도 2년에 한 번 정도는 교체하고, 인테리어도 주기적으로 손보거나 바꿔줘야 한다.

식당 운영을 하다 보면 불편하거나 잘못된 부분이 속출하기 마련이다. 환기의 방향이 잘못됐거나 주방 동선이 메뉴에 맞지 않을 수도 있다. 이럴 때는 과감하게 수리를 통해 식당을 개선해야 한다. 그런데 장사를 하다 보면 하루하루의 영업에 신경 쓰느라, 매상이 쉽사리 오르지 않아서 등의 이유를 대며 투자에 인색한 경우가 많다. 10년에 한 번 아니면 20년에 한 번 투자를 할까 말까 망설이기도 한다. 그건 정말 잘못된 생각이다.

창업할 때는 가성비를 가장 중요하게 여기다 보니 맛있는 메뉴와 저렴한 가격으로 손님의 마음을 사로잡는 것을 우선순위로 생각한다. 하지만 어느 정도 시간이 흐르면 가성비는 물론이고 가심비와 전문화를 반드시 이뤄야 한다. 너무나 당연히 필요한 메뉴 개발 비용도 등한시하는 경우가 비일비재하다.

공교롭게도 식당에서 교체가 필요한 부분이나 개선해야 할 문제들은 주인 눈에만 보이지 않는다. 심지어 자기 가게에서 매일같이 생활하다 보면 구석구석 모든 것이 눈과 손에 익어 깨진 유리창이나 손때 묻은 식탁까지도 정겨워 보이곤 한다. 이런 쓸데없는 감성에 젖는 것을 경계해야 한다.

그래서 식당을 하는 사람이라면 때때로 남의 식당도 가서 관찰해야 한다. 눈높이를 바꿔야 목표치도 달라진다. 창업

4장 외식업으로 도약

을 하기 전에 대박 난 집을 찾아가 관찰하고 분석하는 것처럼 가게가 자리를 잡았다고 여겨질 때면 현실에 안주하는 것을 경계해야 한다. 언제든 자신과 비슷한 메뉴를 파는 식당이나 새로 생긴 식당을 찾아가 관찰하려는 자세를 견지할 필요가 있다. 그리고 자신의 눈을 가리고 있는 안일함이라는 색안경을 없애야 한다.

인테리어나 가게를 고치는 데에만 비용을 쓸 수 있는 게 아니다. 하다못해 다른 식당에서 본 좋은 기계를 들이려고 해도 목돈이 들기 마련이다. 그러니 재투자를 위한 액수는 미리 책정해놔야 달라진 눈높이에 맞춰 설비를 바꾸고자 할 때 곧바로 투자에 임할 수 있다. 자신의 시야를 넓히기 위해 국내나 해외 맛집 투어를 할 때도 재투자 비용이 발생한다. 실제로 다른 식당을 찾아가 먹어보고 느끼는 것까지도 모두 투자로 생각하라.

식당 운영은 정말 하나부터 열까지 쉽지 않다. 사장이 관리를 소홀히 하고 나태해져 한번 꺾이기 시작하면 망하는 것은 한순간이다. 꾸준한 관리와 재투자만이 가게를 오래도록 유지시킬 수 있다. 재투자라는 말은 물질적 투자뿐만 아니라 자신에 대한 투자까지도 포함한다. 가게가 자리를 잡았더라도 식당을 생각하는 자신의 마음이 유지될 수 있도록 항상 식당을 들여다보고 문제가 생길 때마다 개선하고자 노력해야 한다.

이제는 프랜차이즈 회사를 운영하는 대표로서 점주들이 잘살 수 있도록 이끌고, 노력한 만큼 거둬갈 수 있도록 돕는 게 내 일이라고 생각한다. 식당을 열었을 때도 나만의 재미를 찾아야 한다. 나는 손님들에게 '고맙다', '잘 먹었다'라는 말을 듣는 게 정말 즐겁고 재밌었다. 식당이 잘 돌아가려면 내 인생의 즐거움을 밖에서 찾지 말라. 식당을 하면서 잘살아보겠다는 것이 목표가 아니라면 처음부터 다시 생각하는 것이 낫다. 작은 식당을 서서히 키워가는 데서 재미를 찾을 게 아니라면 식당 창업의 꿈은 접는 게 좋다. 일 자체에서 재미를 찾고, 손님이 고마워하고 주인도 고마워하는 눈빛을 주고받으며 즐거움을 찾아보라.

나 대신 눈덩이를 키워줄 사람은 없다

식당을 차리는 사람들은 대부분 여러 매장을 운영하는 게 꿈이다. 그런데 정작 기업화를 하면 실제로는 돈이 되지 않는다. 나도 식당 대여섯 개를 할 때 돈을 가장 많이 벌었다. 수

4장 외식업으로 도약

익도 좋은 편이었다. 가게를 서서히 늘려 서너 개를 운영해본 사장들은 이해한다. 결코 가게 수에 비례해 수익이 일정하게 늘어나지 않는다.

식당 한 곳에서 월 500만 원을 번다고 해보자. 식당 두 개면 월 1000만 원이고, 세 개면 1500만 원을 벌까? 절대 아니다. 세 개째부터 월 매출액이 떨어진다고 보는 게 맞는다. 조금 과장해서 말하자면, 식당 세 곳이나 다섯 곳이나 수익 면에서 비슷하다.

먼저 가게가 늘면 나 대신 봐줄 사람이 필요하다. 나를 대신하기 위해 누군가를 열심히 가르치고 지분을 주면서 운영을 맡긴다. 이건 최악의 방법이다. 누군가를 가르치면 처음에는 매니저로서 정말 잘할 것이다. 하지만 시간이 흐르면서 서서히 마음이 달라진다. 자신은 가게를 위해서 열심히 일하는데, 사장이라는 사람은 수금 때만 나타나서 수익금만 가져간다고 생각한다. 게다가 잔소리까지 심해지면 상황은 악화된다. 그러면 지분을 올려줘야 할 수도 있다. 나를 대신해 열심히 일해주리라 믿고 의지했던 사람이 처음에 비해 열심히 일하지 않는 경우는 너무나 많다.

게다가 요즘은 브랜드 생명력이 점점 짧아지고 있다. 내가 끊임없이 많은 투자를 해가며 브랜드를 테스트하고 새로운 요리를 개발하는 이유다. 그 변화의 중심에서 외식업을 이끌어나가야 살아남는 시대다. 앞서 말한 대로 외식업은 오래 달리기 같은 장기전이다. 처음에 너무 힘을 빼면 결승전에 다다르기도 전에 먼저 지쳐버린다.

나도 식당을 시작하고 여러 지역에 지점이나 분점을 내면서 관리하기 힘들었던 적이 있다. 각 식당을 얼마큼 믿고 맡겨야 하는지부터 하나하나 고민도 됐다. 그럴 때마다 끊임없이 질문했다.

'나라면 어떨까?'

이 질문을 시작으로 여러 각도로 방안을 고민했다.

'가게의 지분을 준다면 더 열심히 하지 않을까?'

하지만 해결책이라고 생각했던 방법 역시 시간이 흐르면서 각 점포 종사자들로부터 '일은 내가 다 하는데 왜 수익을 나눠야 하지?' 하는 불만도 생길 수 있을 것 같았다. 처음 프

4장 외식업으로 도약

랜차이즈 사업을 시작할 때만 해도 어떻게 수익을 남길지 많이 고민했다. 건축 사업도 했으니 인테리어를 다 해주고 이윤을 남길까도 생각했다. 하지만 아무리 생각해도 해당 점주에게 부담으로 작용할 것 같았다. 그래서 그건 포기했다.

프랜차이즈는 외식업을 시작하는 사람들에게 식자재를 공급하고 경영 노하우를 알려줘 제대로 독립할 수 있도록 돕는 일이다. 장기 계약을 맺고 식자재를 꾸준히 구매해 식자재 시장의 안정을 유도하는 역할도 한다. 당연히 가맹점 수보다는 가게를 오래 유지하는 것이 프랜차이즈 사업에서 유리하다. 결과적으로 가맹점들의 경쟁력을 최대한 끌어 올려 장기간 사업을 함께 해나가는 것을 목표로 하고 있다.

가맹점의 경쟁력을 높이려면 프랜차이즈 본사는 더욱더 브랜드의 가치를 높일 방법을 강구해야 한다. 이를 위해 더본코리아에서는 상세한 매뉴얼을 준비해두고 있다. 조리 방법에서부터 손님 응대 방법, 조리도구 세척 방법까지 세세하게 정리해 어떤 매장에서나 한결같은 음식과 서비스를 제공하도록 하고 있다.

물론 매뉴얼대로 지키기란 매우 쉽지 않은 일이다. 본사에서 철저한 관리를 하는 목적이 가맹점주들이 맞닥뜨리는 문제를 즉각적으로 대응하기 위해 도움을 주려는 데 있다는 믿음이 있어야 한다. 본사 역시 가맹점주들이 일정 수준 이상 잘 관리하면서 잘 따라와준다는 믿음이 필요하다. 상생은 이런 서로의 믿음에서 시작된다.

결국 프랜차이즈 본사와 점주 사이의 신뢰를 바탕으로 각자의 자리에서 책임감 있게 자신의 일을 하는 것이 최선의 방법일 것이다.

매장을 확장하고 나서 절대 간과하면 안 될 것들

소규모로 먹는 장사를 시작해 동네 맛집이 되고, 좀 더 유명해져 멀리서도 손님들이 찾아올 정도가 되면 슬슬 가게를 확장할 생각을 갖게 된다. 매장을 넓히거나 자리를 옮기면서 인테리어를 조금 더 화려하게 꾸미거나 아예 새로 바꾸기도 한다. 그런데 손님의 반응에 힘입어 야심차게 가게를 손봤는데 손님들의 반응이 예전만 못한 경우들이 생긴다.

4장 외식업으로 도약

'맛이 변했다.'

'주인 마음이 바뀌었다.'

실제로 맛이나 주인의 마음가짐이 바뀐 걸까? 절대 아니다. 하지만 식당이 확장 이전할 때 이런 일이 자주 벌어진다. 무엇을 놓친 건지 들여다보자. 우선 쉽게 가격을 올리는 경우다. 너무 유명해져서 줄을 한 시간 넘도록 서야 한다면 가격을 올려도 별다른 변화가 없다. 애매하게 유명하거나 대박집과 유사한 가게들은 가격을 올리면 곧장 타격을 맞는다. 더군다나 국수처럼 손님들이 저렴한 가격을 선호하는 메뉴일수록 가격 인상이 더욱 크게 와닿는다. 그러니 가게를 옮기더라도 가격은 웬만하면 그대로 유지해야 한다. 가격을 올리기보다 이전 기념으로 반찬을 하나 더 주거나 양을 좀 더 늘리거나 일정 기간 동안 서비스를 제공하는 것을 권한다.

작은 가게에서 큰 가게로 옮길 때 또 하나 고민해야 할 점은 기다리는 시간이다.

식당이 작아 수시로 손님들이 한참을 밖에서 줄을 서서 기다리니 주인 입장에선 안타까움에 확장했지만, 손님 입장에서는 예전처럼 줄을 서지 않아도 식사를 할 수 있고, 가게 안에 빈 테이블이 있으니 고개를 갸우뚱하게 되고, 낯설게 느껴진다. 게다가 음식을 먹어보니 괜시리 맛까지 변한 것 같다.

'아, 맛이 변했네. 옛날엔 이 안이 꽉 차고도 자리가 없어 줄을 섰었는데'

맛이 똑같아도 상대적으로 그렇게 느낄 수 있다. 예전에 손님으로 북적이던, 대기 줄이 늘어선 모습에 익숙해져 있던 모습만 봐온 손님이라면 더욱더 그렇다.

큰 가게로 옮길 때 일정 동안은 테이블 수를 줄이거나 테이블 간격을 더 널찍하게 해서라도 작은 가게에서 느꼈던 분위기를 가능하면 그대로 줄 수 있어야 한다. 그러다 서서히 테이블을 하나씩 늘려나간다.

위기는 정면돌파가 정석

더본코리아의 브랜드 중 해외에서 인지도 높은 브랜드는 '본가'다. 해외를 돌아다니다 불고기라고 적힌 식당에 들어

가보면 메뉴에 야키니쿠라고 적혀 있는 경우가 대부분이었다. 한식 불고기를 찾기 어려웠던 상황에서 외국인의 입맛을 사로잡는 한식 구이 메뉴를 만들어보자는 생각이 '본가'의 시작이었다.

우리나라 불고기는 미리 양념에 재어뒀다가 먹는 방식이어서 고기의 색이 변하기 쉽지만, 일본의 야키니쿠는 고기를 썰자마자 타래 소스를 뿌려 고기의 선명함이 그대로 살아 있었다. 오랜 조사와 갖은 시도를 거치며 연구를 거듭해 우리의 불고기도 재어두지 않고 양념을 얹어서 먹어봤더니 간이잘 배는 것 같았다. 다만 고기가 얇아서 잘 찢어졌다. 얇게 썰어도 찢어지지 않고 먹을 수 있는 부위를 찾다 발견한 것이차돌과 양지가 섞인 부위였다. 그 부위를 얇게 썰었더니 삼겹살처럼 나오는 데다 개발한 특제소스를 얹었더니 쫄깃쫄깃하고 맛도 있었다. 그렇게 해서 소고기 삼겹살, 즉 우삼겹이탄생했다.

사실 '본가'를 처음 시작하고서 3년 동안은 월 1000만원 이상 적자가 났다. 당시에는 더본코리아도 지금의 규모가아닌 개인 사업체 정도의 회사여서 매달 발생하는 '본가'의 적자를 감당하기 힘들었다. 하지만 잘될 거라는 확신이 있었다.

차츰 '본가' 역시 제대로 자리를 잡았다. 코로나19로 한동안 외식업이 위기를 맞았지만, '본가'는 굴곡 없이 해외시장에서 한식 대표 브랜드로 자리매김 하고 있다.

프랜차이즈가 유행에 민감한 사업인 만큼 사회 분위기의 영향도 많이 받는다. 코로나19 이후 동네 상권에서 작은 식당의 소형매장이 늘어날 것이다. 작은 가게라면 초기 투자 및 창업 비용도 적게 들고 인건비도 줄일 수 있다. 그뿐만 아니라 주방의 노동 강도도 어느 정도 규모가 있는 식당에 비해 낮출 수 있을 것이다. 더본코리아도 코로나19 이후 변화되는 사회 분위기에 발맞춰 브랜드를 리뉴얼하고 소규모 매장을 추진하면서 포장과 배달 전문 매장도 진행하고 있다. 한편 외식업 매장은 점차 양극화될 것으로 예상된다. 따라서 대형 매장은 더 대규모 형태로 진화하고, 소형 매장은 더욱더 소규모 형태를 갖춰갈 것이다. 특히 점점 인건비가 올라가면서 소형 매장은 점주 개인의 인건비 정도를 버는 규모로 바뀔 것이다.

코로나19는 우리나라뿐만 아니라 세계적인 위기를 가져왔다. 위기가 지금뿐이겠는가. 지금 위기를 지나면 또 다른 위기가 올 것이다. 이럴 때일수록 더불어 살아가는 지혜를 모아야 한다.

가맹점만 위기를 겪는 것이 아니다. 더본코리아에도 위기이지만 늘 그래왔듯 어려움 속에서도 꿋꿋이 버텨나갈 뿐이다. 아무도 예측하지 못했던 이 엄청난 위기를 돌파할 특별한 방법은 나에게도 없다. 그저 기본을 지키면서 최선을 다해 프랜차이즈 회사로서 해야 할 일을 하며 꾸준히 일하면서 버티고 있다. 이 고비를 넘기고 나면 외식업을 선도하는 기업이 될 수 있도록 최선을 다할 뿐이다.

플러스 알파 아이템에서 중점 사업으로

몇 년 전부터 간단한 조리만으로 요리를 즐길 수 있는 가정간편식, HMR Home Meal Replacement 시장에 진출하기 위해 준비해왔다. 바쁜 일상 속에서도 손쉽게 조리해 먹을 수 있다는 장점 덕분에 혼자 사는 1인 가구부터 맞벌이 가정 등 다양한 소비자들의 간편 식사 메뉴로 각광을 받고 있다. 코로나19로 인해 외식을 꺼려야 했던 시기와 맞물려 관심과 사랑을 더욱 받고 있다.

더본코리아에서는 '백쿡'이라는 종합 식품 브랜드를 만

들어 HMR 제품 및 소스 제품을 선보이고 있다. 현재 '홍콩반점0410' 매장에서 판매하는 해물육교자 외에도 나의 노하우가 축적된 만능소스류와 컵떡볶이, 돼지김치찜, 닭볶음탕, 햄, 라면 등을 판매하고 있다. 집에서도 맛과 퀄리티를 갖춘 음식을 편리하게 조리해 먹을 수 있도록 다양한 HMR 제품을 개발해 시장에 발 빠르게 출시하고 있다.

다양한 상품의 개발은 프랜차이즈와의 연계로도 이어질 수 있다. 가맹점이 10~20개 정도라면 공장을 통해 특제 소스를 주문하거나 식재료를 원하는 크기만 골라 공급받기가 어렵다. 다행히 우리는 오랜 기간 협력 업체들과 신뢰를 쌓아왔기에 테스트 물량을 요청해 소규모 업체들에 도움을 줄 수 있다. 소형 프랜차이즈들에게 좋은 품질, 저렴한 가격의 제품을 공급하는 창구 역할을 하려는 것이다. 식당 프랜차이즈 인큐베이팅은 아직 준비하는 단계이지만 점차 발전하는 모습을 보여줄 예정이다.

나는 지금보다 더 많은 사람이 집에서 밥을 해 먹을수록 외식 시장의 전체 파이가 커진다고 생각한다. 소비자가 직접 음식을 만들어 먹어봐야 음식에 들어가는 비용을 가늠할 수 있다. 재료를 구입하는 데 들어가는 직접적인 비용에서 음식을 만드는 데 따르는 수고로움까지 직접 경험해봐야 외식업을 바라보는 눈이 달라진다고 생각한다. 자신이 직접 음식을 만들어보니 쉽지 않다는 생각을 가질수록 식당에서 받는 음식값이 나름대로 합리적이라는 눈높이도 만들어진다.

또한 외식 시장이 지금보다 더 커지려면 아침 식사 문화가 살아나야 한다. 현재 영업 중인 식당 수가 너무 많다고 해서 억지로 줄일 수는 없다. 식당 수를 줄이지 않고 외식 시장의 파이를 키우려면 외식하는 사람의 수를 늘리면 된다. 그런데 우리나라도 고령화 사회로 접어들면서 인구수가 줄어드는 추세라고 한다. 이런 상황에서 소비자를 늘려 외식 시장을 키우려면 어떻게 해야 할까?

우리나라는 20~30년 전까지만 해도 아침을 먹는 문화가 익숙했다. 의학 전문가들이 방송에 나와 아침을 먹어야 머리 회전이 잘 된다고 알려주기도 했다. 또 전날 밤 술을 한잔 마셨다면 아침에는 꼭 해장국을 먹었다. 그런데 지금은 아침을 먹는 사람이 여간해선 없다. 출근하기 바빠 아침을 만들어 먹기 힘들다면 사서 먹기라도 해야 할 텐데, 아침을 먹는 사람이 거의 없다. 여기에는 외식 시장과 관련한 분명한 이유가 있다. 바로 아침을 싸게 파는 데가 없기 때문이다.

외식 시장을 키우고 외식 문화를 활성화해야 한다는 생각은 음식의 수준을 높이거나 종사자들의 매너를 가르쳐야 한다는 의미도 포함하지만, 아침 식사 장사처럼 기존에 없던 분야를 새롭게 시도하자는 주장 쪽에 더 가깝다. 아침 식사라고 해서 한상 차림을 기대하는 사람은 없을 것이다. 아침부터 1~2만 원씩 하는 비싼 메뉴는 필요 없다. 부담 없이 3000~4000원에 먹을 수 있는 음식이면 된다. 매일 먹는 음식인데 가격이 비싸면 소비자들도 쉽사리 지갑을 열지 않는다. 하지만 파는 사람 입장도 따져봐야 한다. 100인분 팔아봐야 30~40만 원밖에 되지 않는 가격이라면 심사숙고해서 접근해야 한다. 과연 아침 식사라는 아이템을 놓고 소비자와 판매자가 모두 만족할 만한 적정 가격 수준은 얼마일까?

우리와 가까운 곳에서 힌트를 얻을 수 있다. 아침을 먹는 나라인 일본이나 홍콩을 보면 땅값이 굉장히 비싼 나라임에도 음식값은 결코 비싸지 않은 편이다. 인건비도 높은데 음식값이 그리 비싸지 않은 이유는 회전이 잘되기 때문이다. 그들은 아침, 점심, 저녁 하루 세 끼를 다 찾아 먹고 간식까지 사서 먹는다. 식당 입장에서는 점심 장사만 반짝 하거나 저녁 장사만 하면 마진도 나오지 않고, 인건비나 임대료를 충당할 수 없다. 그런데 손님들이 하루 세 끼에 간식까지 사 먹으면 충분히 회전이 되므로 마진 문제가 싹 사라진다.

하루 세 끼를 챙겨 먹는 식문화는 외식 시장을 키우고자 하는 관점에서 굉장히 중요한 요소다. 그런 의미에서 나는 편의점 도시락에 대해 긍정적인 입장이다. 항상 하루 세 끼를 찾아 먹는 습관을 갖도록 하는 데 꽤 유용한 아이템이기 때문이다. 매번 편의점 도시락을 사 먹는 사람도 가끔씩 비싼 음식을 사 먹을 수 있다. 그러니 외식업에 종사하는 사람이라면 특정 음식을 소비하는 계층이 정해져 있다는 생각을 버려야 한다. 돈 많은 사람만 비싼 음식을 사 먹는 게 아니다. 누구라도 그날의 기분에 따라, 특별한 날이라는 이유로, 어제 편의점 도시락을 먹었으므로 평소와는 다른 소비를 할 수 있다.

아침, 점심, 저녁을 모두 식당에서, 가정간편식으로 해결할 수 있을 만큼 외식 시장이 가격 경쟁력을 갖추면 각 가정에 넓은 주방을 만들 이유도 사라져, 간단한 조리 기구만 갖출 수 있도록 아파트의 구조도 달라질 것이다. 모든 것은 외식 시장을 바라보는 소비자와 종사자의 시선이 어떻게 바뀌느냐에 달려 있다.

에필로그

누구나 사장이 될 수 있다. 하지만 사장이 된다고 모두 성공하진 않는다.

사장이라는 자리는 생각하는 것만큼 화려하지도 않다. 흔히 누구의 간섭도 받지 않고 자기 마음대로 하고 싶어서 창업한다고 한다. 막상 해보면 사장이야말로 모든 책임을 짊어지고, 책임의 무게감을 겉으로 드러내지 않으면서 웃음으로 손님을 맞고 음식까지 만들어야 하는 외로운 자리임을 비로소 알게 된다.

장사를 잘하는 비법은 달리 있지 않다. 진정한 사장은 자기 일을 즐길 줄 안다. 또한 자신만의 레시피를 만드는 과정에

에필로그

배움의 자세로 성실히 임한다. 본인의 위치에서 욕심을 부리지 않고, 자신의 식당에 찾아오는 손님에게 늘 고마움을 느끼는 마음가짐과 자기가 만든 음식에 대한 열정 그리고 책임감이 있다면 누구라도 사장이 될 자격이 있다.

나 역시 원조쌈밥집에서부터 시작한 외식업의 길이 어느덧 30년째로 접어들었다. 비록 옆에 기대어 조언을 구할 만한 스승도 없이 그 시간을 홀로 음식에 관해 끊임없는 연구와 개발에 전념해왔지만, 지나고 보니 그 시간과 경험이 소중하고 값지다는 것을 새삼 느낀다.

우연한 기회에 방송을 통해 힘들게 터득해온 나만의 레시피와 장사에 대한 현실적인 조언들을 도움이 필요한 이들에게 알려줄 수 있게 되었다. 내가 알고 있는 모든 지식과 경험을 최선을 다해 솔직하게 나누고 싶었다. 방송을 하면서 공익적인 면이 부각됐고, 그로 인해 많은 분들이 힘을 주셨다. 방송에 나온 내 모습을 좋아하는 사람이 많아지면서 일상에서의 모습도 바뀌게 되었다. 어느 순간 공익적인 활동을 통해 얻는 기쁨과 즐거움이 커져만 갔다. 그러면서 사회적인 책임을 인식하게 됐다.

인생을 살수록 '잘산다'라는 의미가 돈이 많음 이상이라는 걸 깨닫게 된다. 함부로 낭비하거나 의미 없게 써버리면 돈은 더욱 들어오지 않는다. 하지만 의미 있게 쓰면 돈의 형태가 아니더라도 내게 다시 돌아온다. 그 사용 방식은 기부 일수도, 투자일 수도 있고, 누군가에게 도움을 주는 것일 수도 있다. 어떤 형태로든 좋은 의미가 있다면 나에게는 칭찬으로도, 행복으로도, 명예로도 다시 돌아온다.

앞서 말했듯이 당연히 나도 젊었을 때는 돈 욕심이 없지 않았다. 회사를 운영하는 만큼 사업을 해서 돈을 많이 벌기 위해 노력했다. 어느덧 회사는 이제 제법 규모 있는 외식업의 프랜차이즈 회사가 되었다. 요즘은 어떻게 하면 멋있게 돈을 잘 쓸까도 함께 고민한다. 이 마음이 언젠가 변할 수도 있겠지만, 늘 한결같은 마음을 유지하기 위해 노력할 것이다. 그리고 어딘가에 나의 도움이 필요한 곳에서 묵묵히 나의 일을 감당할 것이다.

에필로그

백종원의 장사 이야기

1판 1쇄 발행 2023년 4월 28일
1판 7쇄 발행 2024년 8월 8일

지은이 백종원

발행인 양원석 **편집장** 김건희
디자인 남미현, 김미선 **영업마케팅** 양정길, 정다은, 윤송, 김지현, 한혜원

펴낸 곳 ㈜알에이치코리아
주소 서울시 금천구 가산디지털2로 53, 20층 (가산동, 한라시그마밸리)
편집문의 02-6443-8902 **도서문의** 02-6443-8800
홈페이지 http://rhk.co.kr
등록 2004년 1월 15일 제2-3726호

ⓒ 백종원, 2023

ISBN 978-89-255-7789-0 (03320)